京都一周トレイル マップ&ガイド

京都トレイルガイド協会 編著

はしがき

　京都市街を取り囲むようにつくられた京都一周トレイル®。京都の自然と観光名所を結びつけて歩けるのが特徴です。展望のよい場所があちこちにあって、馴染みの場所や景勝地を新たな視点で眺められるのも魅力です。

　30年前に伏見稲荷から始まったこのトレイルコースは、健康志向の高まりもあって多くの方々から注目されるようになりました。現在は、伏見桃山から苔寺谷までの約84kmのコースと、京北地域に約50kmのコースがあり、京都市をはじめ、京都府山岳連盟、京北自治振興会、鉄道事業者等からなる「京都一周トレイル会」がコース整備等を行っています。

　京都トレイルガイド協会は、トレイルの全コースを扱ったはじめての案内書『京都一周トレイル』を2020年1月に刊行しました。海外からのトレッカーも多く、ガイドで必要を感じてきただけに、日本語と英語のバイリンガルで構成しました。思いのほか反響を呼び、より分かりやすく日本語で編集し直したのが本書です。

　コースは入門者向・一般向・中級者向の3ランクに分け、コースレベルを記しました。入門者向なら、京都市街の観光旅行のついでに訪ねることもできます。一般向は日ごろ運動し野山を歩いている方、中級者向は継続して山登りをしている方が対象です。また、紹介したコースをつなげば健脚者向になります。

　伏見・深草から大文字山を経て比叡山に登る 東山コース は、京都の代表的な観光地に隣接し、歴史散策を兼ねたトレッキングができます。なかでも、「ふとんきて寝たる姿」と形容される丘陵では、山中と山麓に寺社の甍が連なります。

　長距離の 北山コース は、東西二つのトレイルマップに分割されます。東部の比叡山から大原（戸寺）の間には、最高地点の水井山があります。鞍馬までは定番のハイキングコースで、新緑や紅葉の季節はとくに賑わいます。西部の二ノ瀬から氷室・高雄・清滝にかけては林業が盛んで、「北山杉」の景観に包まれます。

　嵯峨・嵐山をめぐる 西山コース は、洛西の観光地を縫うように設けられています。ただ、一歩はずれるとダイナミックな風景や自然豊かな要素に接することができます。

　上桂川流域の山と里を結ぶ 京北コース は、丹波地方の空気に覆われた見どころが点在します。分岐するルートもありますが、京北細野を起点・終点として周回できます。ぜひ、市街周辺との違いを体感してください。

　巻末には、京都一周トレイルならではの立ち寄りスポットを簡単に紹介しています。いろいろな要素を見比べながら、コースのアレンジにご利用ください。また、「京都一周トレイル会」では、各コースごとに持ち運びしやすいガイドマップを作成していますので、本書とあわせてお使いください（詳細は本書カバーに掲載）。

　印象に残るトレッキングで、京都を再発見するきっかけになれば幸いです。

京都トレイルガイド協会

目次

本書は京都一周トレイルを歩くためのガイドブックです。案内文と詳細なコースマップで、どこからでもコースにアクセスできます。

京都一周トレイル標識
各コースで、道標となるこの標識の形は覚えておきましょう。

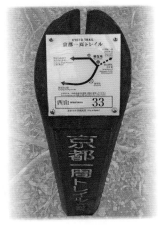

標識の見方

標識の正面に立ち、頭部のボードを見ると前後左右の位置関係が把握できる。
——（実線）がトレイルコースで、……（破線）は他の道を示す。公式マップ・本書の標識番号と対応し、コンパスを使うことで方位が確認できる。

本書の使い方

京都一周トレイルの各コースを、起点から終点に向けて番号順に案内しています。逆に辿る場合の注意すべき地点にもふれました。標識 No. は各コースの地図および現地に設置されたものと一致します。

●コースデータの見方

標準コースタイム…………
→は起点から終点に向けて歩いた場合のおおよその所要時間

コースレベル…………
▲△△は入門者向け。
▲▲△は一　般　向け。
▲▲▲は中級者向け。

> ### 東山コース 1 〔伏見・深草ルート〕
> ### [標識＝ F1 ～ F35]　京阪「伏見桃山」駅〜稲荷奥社
>
> 距離＝9.5km
> 標準コースタイム＝→ 3:40
> コースレベル＝▲△△
> 公式ガイドマップ＝「東山」
> 1:25,000 地形図＝「京都東南部」
>
> アクセス：
> 起点
> 　京阪本線「伏見桃山」駅⇔F1
> 　近鉄京都線「桃山御陵前」駅⇔F2
> 　JR 奈良線「桃山」駅⇔F3
> 終点
> 　JR 奈良線「稲荷」駅⇔F35
> 　京阪本線「伏見稲荷」駅⇔F35

公式ガイドマップ…………
（公式ガイドマップの売上は
コースの維持補修費用に充
当されます。）

京都一周トレイル会発行の公式ガイドマップのマップ名。
合わせて用意されることをおすすめします。入手方法は、
公式サイトを参照。
https://ja.kyoto.travel/tourism/article/trail/

1:25,000 地形図…………

国土地理院発行地形図の図幅名。
全国の地図販売店で入手できるほか、国土地理院「地理
院地図」サイト からもプリント（最大でA3サイズ）でき
ます。

●コースマップの見方

●──●コースタイム
　（□時間□分）
　　0:00 ➡
　　⇦ 0:00

●目標・見どころ

●トイレ

❶❷トレイルコース
　が分かれる場合

案内するトレイル
コース──

標識 No. ⬤ ／ No. ⬤
エリアごとに色が異なります

トレイルコースの
季節迂回路──

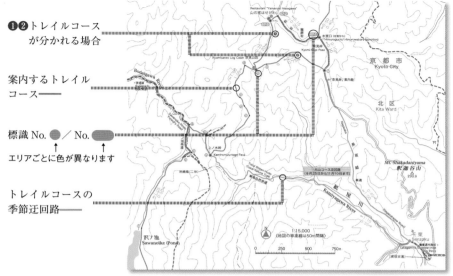

エリアが異なるトレイルコース──

本文と関係するコース━━

トレイルコースの迂回路──

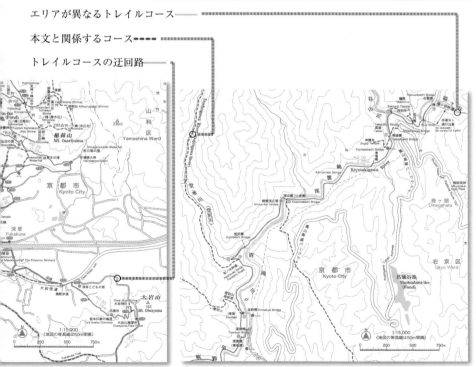

弓削

京 北

山国

天童山 ▲

黒尾山 ▲

京北ふるさとバス
（利用できる路線）

周山

大森

余野

細野

右 京 区

公共交通機関

・京都市交通局〔Tel.0570-666-846〕
・京阪電気鉄道〔Tel.06-6945-4560〕
・阪急電鉄〔Tel.0570-089-500〕
・叡山電鉄（叡電）〔Tel.075-781-5121〕
・京福電鉄（嵐電）〔Tel.075-801-2511〕
・京福鋼索線（叡山ケーブル）〔Tel.075-781-4338〕
・JR西日本〔Tel.0570-00-2486〕
・近畿日本鉄道〔Tel.050-3536-3957〕
・西日本JRバス〔Tel.075-672-2851〕
・京阪バス〔Tel.075-581-7189〕
・京都バス〔Tel.075-871-7521〕
・京北ふるさとバス〔Tel.075-852-0171〕

年末・年始、曜日によって運休あり。事前に時刻
を確認のこと。

南 丹 市

園部

JR山陰本線
（嵯峨野線）

▲ 愛宕山

高雄

西日本JRバス
高雄京北線

京福高雄鉄道

清滝

嵯峨

嵯峨嵐山

保津峡

嵐山
嵐山

帷子ノ

松尾山 ▲

阪急嵐山

阪急嵐山線

松尾

松尾大

上桂

亀岡

━━ 東山コース 伏見・深草ルート
伏見桃山駅～伏見稲荷大社奥社

━━ 東山コース
伏見稲荷駅～ケーブル比叡駅

━━ 北山東部コース
ケーブル比叡駅～二ノ瀬

━━ 北山西部コース
二ノ瀬～清滝

━━ 西山コース
清滝～苔寺谷／上桂

━━ 京北コース
細野（起点）～細野（終点），天童山・黒田・弓削川・城山コース

西 京 区

亀 岡 市

京都縦貫自動車道

1　春の轟谷（4月）［京北コース］
2　沢ノ池（12月）［北山西部コース］
3　滝又の滝（4月）［京北コース］
4　錦雲渓（10月）［北山西部コース］

9

1　カツラの新緑［東山コース］
2　カタクリ［北山東部コース］
3　ササユリ［北山東部コース］
4　ミカエリソウ［北山東部コース］

5　クヌギの大木［東山コース］
6　台杉（中心の株・立ち木・穂先の周囲に取り木が広がる）［北山西部コース］
7　ウッディー京北に展示される「やぐら杉」［京北コース］
8　北山杉の美林［北山西部コース］

奉納

奥之院ヘ一一
奥之院ヘ一一

1　伏見稲荷大社の千本鳥居　[東山コース]
2　深草北陵　[東山コース・伏見深草ルート]
3　旧愛宕街道・鳥居本の町並み　[西山コース]

4 　鞍馬の町並み（左：匠斎庵＝重要文化財）［北山東
　　部コース］
5 　八科峠の道標と車石［東山コース・伏見深草ルート］
6 　雲母坂に立つ浄刹結界趾の標石［東山コース］

トレイルからのビューポイント

1 小峠上部（標高450m）から賀茂川の下流を望む［北山西部コース］
2 荒神ヶ峰から京都市南部を見下ろす［東山コース］
3 ケーブル比叡駅近くから大文字山(中景左)と清水山(中景右)を眺める(遠景中央は生駒山)［東山コース］

4

4　大堰川の流れ（前景中央は小倉山。遠景右に愛宕山が見える）［西山コース］
5　法輪寺・舞台の眺望（遠景中央左は比叡山。手前に雙ヶ岡〔双ヶ丘〕が重なる）［西山コース］
6　城山中腹から望む上桂川の上流方向（遠景右手の台形は湯槽山。左後ろは桑谷山）［京北コース］

5

6

トレッキング・ワンポイント

●装備と持ち物

まず、持ち物をチェックしましょう。

ケガ・事故を防ぐため、シューズはコースのレベルに応じて選びます。

▲△△〔入門者向〕：
トレッキングシューズ／ウォーキングシューズ／スニーカー（運動靴）

▲▲△〔一般向〕：トレッキングシューズ

▲▲▲〔中級者向〕：
トレッキングシューズ／登山靴

はじめてトレッキングシューズを選ぶには、くるぶしまでカバーできるハイカットタイプがおすすめです。専門店で相談し、試し履きをしてから購入します。靴紐の結び方や手入れの仕方も聞いておきましょう。防水透湿性のあるアッパーなら雨天でも快適に歩けます。積雪が予想される時は、チェーンスパイクとスパッツ（ロング）があると安心です。

持ち物を入れるザックは、日帰りなら20～30ℓの容量で十分。荷物を入れた状態でフィット感を試し、使い勝手のよいものを選びます。購入の際はベルトの調整方法なども聞きましょう。

雨天の場合、市街地や散策では傘で対処できますが、山道では両手が使えるよう雨具を着用しましょう。上下に分かれるセパレートタイプがベストです。防水性と透湿性の高いものが優れています。防風・防寒着としても利用できます。

服装の基本はレイヤード（重ね着）で、体感温度に応じてこまめに脱ぎ着します。吸湿速乾性を重視し、素材はポリエステルなどから選びましょう。ズボンは伸縮性のあるものが負担になりません。寒い時期は保温性のあるフリースやダウンで対応。帽子・手袋・スカーフ・サングラスも用意します（季節に応じて素材を選択）。

そのほか、飲物（水500㎖を含め、夏期は1～1.5ℓほど）／昼食／行動食（素早くエネルギーになる糖質と高カロリーなチョコレートなど。塩味・酸味も）／地図／コンパス（方位磁石）／ファーストエイド（絆創膏・虫よけ・虫刺され薬など）／タオル／ヘッドランプ／ゴミ袋／新聞紙／スマートフォン（GPSを使いトレースを記録）など、総重量5～6kgを目安に必要最小限でまとめましょう。防水のためビニール袋などへ入れます。

●楽しみ方ワンポイント

本書のほか、趣味の図鑑（植物・鳥類など）・カメラ・双眼鏡などがあれば便利です。

紹介コースを基本に、店へ寄ったり催し物と合わせるなど、アレンジ次第で楽しみ方の幅は広がります。

●アクシデントへの備え

転ぶ事故（転倒・滑落・転落）を防ぐため、山中では狭い歩幅で靴底をフラットに置くゆっくりとした歩き方をします。人と会話できるペースを保つと息が弾みません。休憩時には水分と塩分・エネルギー（糖分）を補給して、熱中症の予防と体力の維持に努めましょう。

夏から秋にかけて、スズメバチには要注意。まとわりついてきたら手で振り払ったり騒がず、静かにその場から離れます。もし刺されたら、ポイズンリムーバー（吸引器）で応急処置を施し、すみやかに救助の要請を（救急119）。

マダニはどこにでもいます。吸血されたら2日～14日程度は体調の変化に注意し、その間（＝潜伏期間）に発熱と発疹があれば感染症の発症を疑い医療機関を受診しましょう。

北山コース・京北コースではヤマヒルが生息しています（多いのは3月～11月の降雨時）。忌避剤かハッカ油を含む虫除け剤が有効です。

近郊とはいえ、自然環境は常に変化します。最新のコース状況を確認のうえ出かけましょう。

「京都トレイルガイド協会」
https://www.kyoto-trail.net/trail_home.html

伏見・深草の歴史と風土を訪ねる

大岩山展望所からの眺望

東山コース 1 〔伏見・深草ルート〕

［標識＝ F1 〜 F35］ 京阪「伏見桃山」駅〜稲荷奥社

距離＝ 9.5km
標準コースタイム＝→ 3：40
コースレベル＝ ▲△△
公式ガイドマップ＝「東山」
1：25,000 地形図＝「京都東南部」

アクセス：
起点
　京阪本線「伏見桃山」駅⇨東山 F1
　近鉄京都線「桃山御陵前」駅⇨東山 F2
　JR 奈良線「桃山」駅⇨東山 F3
終点
　JR 奈良線「稲荷」駅⇦東山 F35
　京阪本線「伏見稲荷」駅⇦東山 F35

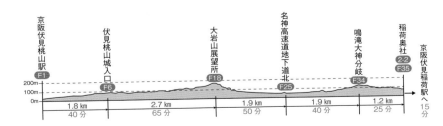

京阪伏見桃山駅 F1	伏見桃山城入口 F6	大岩山展望所 F18	名神高速道路地下道北 F25	鳴滝大神分岐 F34	稲荷奥社 2-2 F35	京阪伏見稲荷駅へ
1.8 km 40 分	2.7 km 65 分	1.9 km 50 分	1.9 km 40 分	1.2 km 25 分	15 分

伏見・深草ルート（9.5km）の起点標識東山〔伏見・深草〕**F1**（以下番号のみで表記）は、京阪伏見桃山駅前にある。緩やかな傾斜の大手筋通は城下町伏見の中心に位置し、商店が軒を連ねる。東に向かうと、高架の近鉄京都線と左（北）側に桃山御陵前駅がある。御香宮神社▶129頁の赤い鳥居をくぐれば、左（北）側は石垣と白塀が続く。中は瓦屋根の玄関に十字架が立つ桃山幼稚園の建物だ。

つづいて、伏見の名水で知られる御香宮神社の堂々とした表門が姿を現す。旧伏見城の大手門を移築したもので北側に境内が広がる。奈良街道（国道24号）と交差する手前に**F2**と大手筋交番が並ぶ。

東へ進むと伏見桃山郵便局があり、100m先にJR奈良線の大手筋踏切が見える。踏切の手前に**F3**が立ち、線路に沿った南東150mにはJR桃山駅がある。

踏切を越えると住宅地になって、信号のある三叉路の交差点**F4**に出る。左（北）へ分かれる車道は、**F5**を経て伏見桃山城へと続く。

そのまま直進すると左右が国有林になって、砂利道の桃山御陵参道が延びる。トレイルコースは斜め右へ曲がる車道で、その歩道を進む。200m先の信号を左折して、北へ向かう砂利道（桓武天皇陵参道）に入る。

この信号から南へ折れると西側にトイレがあり、その先の東側に乃木神社▶129頁の鳥居が見える。

信号からスギ林の中の参道を北へ100mで、先ほど分かれた砂利道（桃山御陵参道）と交差する。600m東に伏見桃山（明治天皇）陵▶129頁がある。トレイルコースは北方向で、緩やかに登りながら静寂な森の中を玉砂利を踏みしめて進む。

400mで**F4**からくる車道に出る。北へ向かえば桓武天皇柏原陵だ。横断歩道を渡って東へ進むと、伏

■深草トレイル

伏見区深草には、地域の歴史探訪と自然探索をテーマにした「深草トレイル」が設置されている。京都一周トレイル伏見・深草ルートは、伏見桃山から大岩山を経て稲荷大社奥社までの山手に続く同コースとの共用。深草トレイルマップは京都総合観光案内所（京都駅ビル2階）・京都市河原町三条観光情報コーナー・伏見区役所・深草支所・醍醐支所・京都館（東京都）で入手できる。

●歴史探訪コース（約3km）＝京阪伏見稲荷駅～伏見稲荷大社～ぬりこべ地蔵～石峰寺～茶碗子の井～宝塔寺～瑞光寺～真宗院～嘉祥寺～深草北陵～聖母女学院本館前～京阪藤森駅

●自然探索コース（約5km）＝京阪藤森駅～聖母女学院本館前～深草北陵～嘉祥寺～真宗院～完宗院～白菊の滝～弘法の滝～伏見神寶神社～伏見稲荷大社～京阪伏見稲荷駅

●大岩山展望所コース（約7km）＝京阪藤森駅～大岩神社～大岩山展望所～古御香宮～仏国寺～八科峠～伏見北堀公園～伏見桃山城～JR桃山駅・近鉄桃山御陵前駅・京阪伏見桃山駅（JR藤森駅・京阪藤森駅・京阪墨染駅）

> ⚠ 伏見桃山城天守付近は、現在トイレも含め立入禁止。通行できる散策路を利用しよう。

見桃山城▶129頁の入口 **F6** が見える。

　駐車場へ入って、朱色の欄干から階段を上がると天守があるエリアだ。早朝や日没後など通行できない場合は、**F6** から北へ向かう通路に入って **F8** へ進む。

　石畳を通り右へ桜並木を進めば、天守東側にトレイル案内板と **F7** が立つ。公園内の地道は細かく分れているが、北方向へ小径を辿る。舗装道を横断して北へ進めばフェンスの出入口があり、**F6** から直接続く舗装道に出る。

　東へ20mのフェンスの角に **F8** があり、ここから北へ散策道を進む。石垣とフェンスの間を緩やかに下っていくと、右へ大きくカーブして伏見北堀公園地域体育館の北側駐車場に着く。東の突き当たり **F9** で体育館の東側通路を南へ進む。

　歩行者用ゲートを抜けると伏見北堀公園が広がる。トイレから堀へ下ると、散策道が三本（堀の北斜面・堀の中央・堀の南斜面）に分かれるが、いずれも東端で合流する。**F10** から北へカーブする舗装道を上りきって、歩行者用ゲートを抜けると車道に戻る。

　F11 から右（東）にとり、100mで **F12** に着く。右折して50mのＹ字路に八科峠▶129頁 **F13** があり、急坂の街道（南東）ではなく、左（東南東）側の道路へ進む。

　緩やかに100m下った交差の **F14** で左折し、北方向へ緩やかな坂道を登り返す。仏国寺への道路を少し上がった右手上部には、作庭家で知られる小堀遠州（江戸時代）の墓がある。次の **F15** で右折すると左（北）側に東古御香公園（トイレあり）が広がり、坂を上がりきると、右（南）側に京都老人ホームが建つ。

　道は平坦な地道となり、両側が竹林の緑色に染まる。トラックが通る尾根沿いの道で、200m先の **F16**

伏見桃山城天守

伏見北堀公園

！ 八科峠（墨染～六地蔵）は車の通行量が多い。横断は要注意。

19

大岩山展望所から伏見桃山城を望む（背後に男山や天王山が見える）

では直進し、さらに200mの分岐 F17 も直進する。

　竹林を抜けると左（西）側が明るくなり、ソーラーパネルを敷き詰めた斜面が見えてくる。鉄塔が建つ大岩山（182m）へ、北東方向の坂道となる。平坦になれば大岩山展望所 F18 があって、ベンチやウッドデッキが設置されている。京都市南部から大阪方面のパノラマが開けるので休憩しよう。

　ここから車道を離れ、西側斜面を北へ続く木陰の山道に入る。100mで大岩神社 ▶129頁 の参道に合流。F19 から右手へ50m登ると神社本殿がある。トレイルコースは左へ下り、植生豊かな林の中に九十九折

堂本印象の鳥居（岩滝社）

京都教育大学
to University of Education

JR藤森
JR Fujinomori Sta.

深草トレイル
Fukakusa Trail

JR Nara Line

Fukakusa Trail

Higashifurugoko Park
東古御香公園
トイレ

F17

F16

仏国寺

京 Kyoto
都 Nursing
老 Home
人ホ

F15
F12
F14

F11

F13 八科峠
Yashina-toge Pass

F10

F9 トイレ

1:05→
←0:50

伏見北堀公園地域体育館
Fushimi Kitabori Park Gymnasium

伏見北堀公園
Fushimi Kitabori Park

東古御香公園から稲荷
大社近くまでトイレがない。
ここまでに済ませておこう。

F8

仮設
トイレ

shimi Momoyamajo Castle Ruins

F5 伏見桃山城

F7

F6

伏見桃山城運動公園
Fushimi Momoyama Sports Park

京 都 市
Kyoto City

深草トレイル
Fukakusa Trail

伏見桃山（明治天皇）陵
Fushimino-momoyamano (Meijitennou) misasagi (Tumulus)
(Imperial Mausoleum of Emperor Meiji)

伏見桃山東陵
Fushimino-momoyamano-higashino-misasagi (Tumulus)

↑0:15
0:15↓

桃山御陵参道

山 Momoyama Sta.

トイレ

乃木神社
Nogi Jinja Shrine

京都外環状線
Kyoto-soto-kanjo Line
(Road)

JR Nara Line

奈良線

桃山南口 Momoyamaminamiguchi Sta.

山 科 川
Yamashinagawa River

N

1:15,000
《地図の等高線は50m間隔》

0   250   500   750m

eihan Uji Line

gawa River

宇 治 川

向 島 Mukaijima

東山コース1〔伏見・深草ルート〕

れの山道が続く。小祠が点在する石段と下草やシダが伸びる地道で、露出した岩や落葉で滑らないよう慎重に歩こう。

下りきると、岩滝社に堂本印象の石鳥居が建つ（もう一基は大岩神社本殿の横）。谷沿いの緩やかな山道を100mで右手に白竜池が現れる。なおも北西へ下り、朱の鳥居を越えると竹林の景色に変わる。道幅も徐々に広くなり、**F20**では右へ直進して川沿いの右岸に入る。ほどなく、参道入口の鳥居に着く。なお、展望所**F18**から大岩街道**F21**までの間、倒木や草が茂って通りにくい場合には、車道へ迂回して大岩街道に出ることをお勧めしたい。

大岩街道（府道35号）の合流点**F21**で左折し、歩道を西へ100mで横断歩道を北に渡る。**F22**からは並行する旧道に入る。民家や花畑を見ながら西へ500m進むと、新旧の街道が接する変則交差点（深草谷口町）に**F23**が立つ。川に沿って北へ向かうと、前方に名神高速道路が見えはじめる。

手前にある仁明天皇陵は、左（西）側の住宅に囲まれている。高速道路の高架南側にある**F24**からトンネルをくぐり、高速道路の北側T字路**F25**で左折する。

高速道路に沿って西へ200m進み、T字路**F26**を右

大岩街道

Mitsutsuji (T-junction)
三つ辻

Kojingamine
荒神ヶ峰

Mitsutsuji (T-junction)

御膳谷奉拝所
Gozendani-hohaisyo Shrine

清瀧

Yakurikisha (Shrine)
薬力

三徳社

熊鷹社

四つ辻
Yotsutsuji (Crossroad)

田中社

御剣社 Mitsurugisha (Shrine)

Sin-ike (Pond)
新池

伏見稲荷大社

三ノ峰（白菊社）
Sannomine

伏見神寶神社 Fushimi Kandakara Jinja Shrine

Gozendani-hohaisyo Shrine

二ノ峰（青木社）
Ninomine

山科区
Yamashina Ward

239.0

「竹乃下道」
Take no shita michi

荷間田社

一ノ峰（末広社）
Ichinomine

233

奥社奉拝所
Okusha-hohaisho (innermost shrine)

弘法の滝
Kobonotaki Waterfall

間ヶ峰
Ainomine

稲荷山
Mt. Inariyama

七面山
Mt.Shichimenzan
108

Aokinotaki Waterfall
青木の滝

0:25
0:35

Shiragikunotaki Water fall
白菊の滝

鳴滝大神
Narutakino-okami

トイレ

F32

F33

F34

都市立京都工学院高校

F31

京都市
Kyoto City

F30   F29

0:40
0:30

F28

F27

真宗院
Shinjuin Temple

深草北陵

深草
Fukakusa

堂本印象の鳥居は二基
ある。コースを外れるが、
大岩神社本殿にも、ぜひ立ち
寄ろう。

F25

F26

F24

仁明天皇陵
Ninmyotennou-ryo
(Imperial Mausoleum of The Emperor Ninmyo)

F23

旧道

F22

Oiwa Kaido Ave.

大岩山
Mt. Oiwayama
182

大岩街道

F21

深草こどもの家

横断歩道

F20

0:50
1:15

Oiwa Jinja Shrine
大岩神社

白竜池

F19

F18

堂本印象の鳥居
Torii (Insho Domoto)

大岩山展望所
Oiwayama View Place

N

1:15,000
《地図の等高線は50m間隔》

0   250   500   750m

1:05
0:50

JR藤森
JR Fujinomori Sta.

Fukakusa Trail

折して北進する。300mで右（東）側に真宗院がある。手前の西へ向かう道に入ると、北側に持明院統十二代（一親王）の陵墓が集まる深草北陵がある。寺院の先100mに立つ分岐 F27 で右折（東）する。緩やかな坂をやや右にカーブしながら上がり、次にやや左に曲がると田園風景が広がる。

T字路に立つ F28 を左折して細くなった坂道を北へ進み、小高い峠を越えると F29 に着く。左へ下った次の F30 では、右折して車道の坂を上る。

京都市立京都工学院高校の石垣に沿って100m進み、F31 から高校の敷地を離れて東方向の細い道へ入る。途中の右手（南）には、土地所有者のご好意で設置されたトイレを目にする。竹林と樹林を抜け、畑の間の緩やかな坂を200m上がる。左への分岐 F32 ではそのまま右へ直進する。両側とも筍を生産する手入れされた風通しのよい竹林が続く。広い車道と合流する F33 でも、東方向へなだらかに進む。

300m先の鳴滝大神分岐 F34 まで、左へカーブしながら進む。車道は50m先の白菊の滝で終点になるため、標識を確認して竹林の中を西へ延びる小径に入る。右（北）の山側はフェンスが続き、200mで青木の滝が現れる。さらに進むと、F31 で分かれた道が左手（南西）から合わさる。

まもなく弘法の滝に出合い、その縁を巻いていく。緩い坂道を上がって尾根道になると、手入れの行き届いた竹林が広がる。「竹乃下道」と呼ばれている。伏見神寶神社▶129頁を過ぎると下り始め、勾配が急になれば足元に朱色の鳥居が見える。

伏見稲荷大社▶130頁の参道と合流する地点に、伏見・深草ルートの終点である稲荷奥社 F35 （東山コース 2-2 ）が立つ。何本もある境内の道を使って、JR稲荷駅もしくは京阪伏見稲荷駅へ向かおう。

筍を生産する竹林

! F32 から左（北）へ進めば、美しい竹林の中を弘法の滝近くにショートカットできる。

東山コースとの接続地点

24

東山の見どころをつなぐ
入門コース

高台寺山国有林の樹林

東山コース2

［標識＝ 1 ～ 30-2］ 京阪「伏見稲荷」駅～蹴上

距離＝ 10.3km
標準コースタイム＝→ 3:45
コースレベル＝▲△△
公式ガイドマップ＝「東山」
1:25,000 地形図＝「京都東南部」「京都東北部」

アクセス：
起点
　京阪本線「伏見稲荷」駅⇨東山 ①
　JR 奈良線「稲荷」駅⇨東山 2-1
終点
　地下鉄東西線「蹴上」駅⇦東山 30-1 ・ 30-2 ・ 31

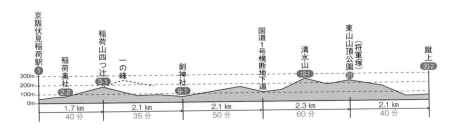

東山コース（24.6km）は京阪伏見稲荷駅（大阪方面）
前に立つ標識東山❶（以下番号のみで表記）から始
まる。店舗の並ぶ道を東へ向かうと、公園にトレイ
ル案内板とトイレがある。

琵琶湖疏水とJR奈良線を渡ると本町通（伏見街道）
との交差点で、鳥居の立つ正面が神幸道（裏参道）だ。
トレイルコースは神具店や飲食店が軒を並べるこの
道を東へ進む。境内は、楼門・拝殿・本殿などが連
なる。JR稲荷駅からは、正面の一ノ鳥居から表参道
を山手に向けて進めば100mで楼門に至る。

本殿に参拝したのち、奥社奉拝所への巡拝道を進
む。鳥居の建ち並ぶ石段と石畳は「千本鳥居」と呼
ばれ、神域らしい空気に包まれる。節度を持って行
動したい。

奥社奉拝所の北側に建つ鳥居の横に❷-❶があり、三
つ辻に向け少し進むと❷-❷を見出す。ここで伏見・深草
ルートが右手（東）から合流する（Ｆ35）。奥社の南東
隅には、願いが叶うかどうかを占う「おもかる石」が
ある。

「根上りの松」がある「ひざ松さん」を左（西）に見
て、鳥居の間を進む。境内の八島ヶ池からくる道が左
手から合流し、トイレの横をさらに東へ向かうと新池

新池（こだまヶ池）

根上りの松「ひざ松さん」

! 寺社の参拝は一般的に左側通行だが、千本鳥居は右側通行が呼びかけられている。

👈 「ひざ松さん」は足腰の病に霊験あらたかといわれ、参拝者が多い。

👈 新池は尋ね人を捜すご利益があるとされ、柏手を打って返ってきた方向に手がかりがつかめるとされる（こだまヶ池）。

（こだまヶ池）の畔に出る。T字路を左折して熊鷹社から三つ辻に上がる。250m 先の三叉路を右折すると茶店が並ぶ。西に下る巡拝道にも鳥居が並び建つ。

三徳社のある道は南東方向へ400段の石段が続く。最後は、左へ折返すように上がると四つ辻だ（3-1）。稲荷山（233m）の中腹にある十字路である。

茶店があるので一息入れよう。広場の北側に立つ 3-2 から荒神ヶ峰の西側を山腹を巻くように進む。北へ登る石段は荒神ヶ峰（田中社）へ向かう巡拝道で、北側の外れに京都市街を見下ろすことができる展望のよい場所（本宮祭で提灯が灯される）がある。

石塚（「お塚」）を見ながら北方向へ下る。閑静な住宅街に降り立つと 4 が屈曲点の右側に立つ。道路を西へ下ると東福寺に至るが、トレイルコースは右（東）の小径を三ノ橋川に向けて下る。川の手前にトレイルの掲示板と 5 がある。

ここから月輪の住宅地を通過するので、付近の住民に迷惑がかからないよう静かに歩こう。橋を渡った三叉路を左折し、鍵形に西へ進むと路地の奥に建つ五社之瀧の鳥居を左に見て右折する。山裾を道なりに北上すれば京都国際中学高等学校への道路と交差する。

その先に 6 が見えるので、右手の階段を上がると、両側は宮家の墓地に囲まれる。すぐ先が<u>泉涌寺</u> ▶130頁の入口で、「御寺」と呼ばれる皇室ゆかりの寺院だ。大門から見下ろす仏殿は、地形を生かした堂舎の配置が素晴らしい。楊貴妃観音像も有名（拝観有料）。

西側に孤児や貧窮者を救済する施設であった悲田院があり、展望台があるので立ち寄るのも一興である。東大路通の市バス泉涌寺道バス停からくる道を、北へ150m下ると 7 が分岐点に立つ。ここで右折（東）すると<u>今熊野観音寺</u> ▶130頁の参道で紅葉がことに美しい。本堂は山手へ石段を上がって達する。参道の橋の

四つ辻

■稲荷山巡拝道

四つ辻 3-1 から東へ向かう巡拝道は、御膳谷奉拝所から薬力社・御劔社を経て一ノ峰（末広社）に至る。南は三ノ峰（白菊社）・間ノ峰（荷田社）・二ノ峰（青木社）を通って一ノ峰に達する。これらを一周する「お山めぐり」もお勧めの道だ（参拝時間を除く一周＝約40分）。

荒神ヶ峰の 3-3 から右手に登り返すと、京都南部の絶景が広がる。

今熊野観音寺参道の橋（トレイルコースは下をくぐる）

手前に❽があり、コースは右手の谷へ降りる。

　カーブして方向を北に変えると山手に泉涌寺の墓地が広がる。北西には京都タワーや愛宕山の見える場所もあって、市街地に近いものの心地よい道が続く。

　右へ大きく曲がると山手に鳥戸野陵への標石が立つ。その先は再び住宅地に入って、曲線を描きながら枝垂桜がある円通寺橋に下りる。登り返した三叉路（❾-1）の正面に剣神社▶130頁の鳥居が建つ。三疳封じで知られる子供の神様だ。標識で鋭角に右折する。

　左右に道路が分かれるものの、幅員の狭くなった舗装路を❾-2まで直進。標識の立つ三叉路はそのまま東へ進み、20m先にある次の三叉路で左折する。民家の間を北北東へ進むと道路は西に曲がる。ここで右手の階段を登り、上部の道路に出たら左へ折返す。その先40mが滑石街道との交差点で❿が立つ。コースが最も判りにくい地域だけに、標識を確実に押さえて歩きたい。

　日吉南道を北へ60mで右手に⓫があり、ここから山道に変わる。左に右に、大きな曲線を描きながら植林と照葉樹の下を東へ緩く登っていく。一帯の国有林は「京女　鳥部の森」として散策路が整備され、尾根上に立つ⓬まで深山の趣が漂う。

「京女　鳥部の森」の樹林

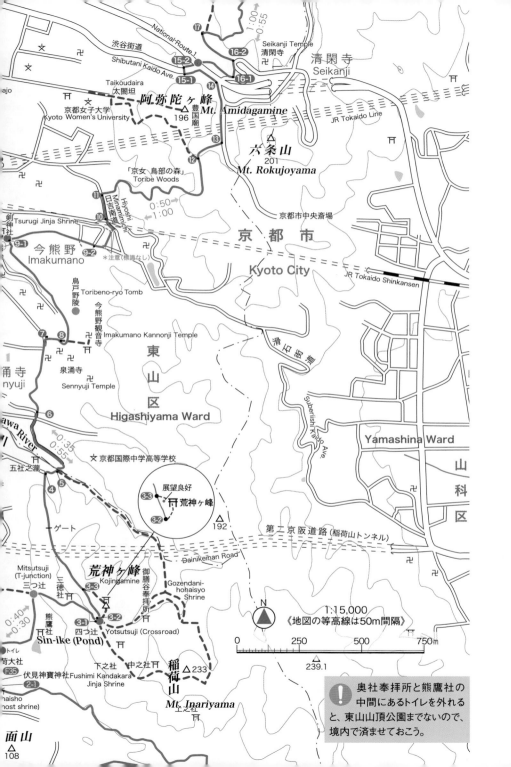

渋谷街道
Shibutani Kaido Ave.

National-Route 1

1:00
0:55

Seikanji Temple
清閑寺

清閑寺
Seikanji

17

16-2

15-2

15-1

16-1

14

太閤坦
Taikoudaira

京都女子大学
Kyoto Women's University

阿弥陀ヶ峰 Mt. Amidagamine

豊国廟
196

JR Tokaido Line

六条山
201
Mt. Rokujoyama

「京女 鳥部の森」
Toribe Woods

18

12

13

京都市中央斎場

京都市
Kyoto City

11

日吉南道
Hiyoshi Minamimichi

0:50
1:00

剣神社
Tsurugi Jinja Shrine

10

9-1

今熊野
Imakumano

9-2

*注意(標識なし)

鳥戸野陵
Toribeno-ryo Tomb

JR Tokaido Shinkansen

今熊野観音寺
Imakumano Kannonji Temple

東山区

7

8

泉涌寺
nyuji

泉涌寺
Sennyuji Temple

Higashiyama Ward

滑石越

Suberiishi Kaido Ave.

Yamashina Ward

山科区

awa River

6

0:35
0:55

五社之瀧

京都国際中学高等学校

展望良好
3-3 荒神ヶ峰

3-2

192

第二京阪道路(稲荷山トンネル)

4

5

ゲート

Dainikeihan Road

Mitsutsuji
(T-junction)
三つ辻

荒神ヶ峰
Kojingamine

3-3

御膳谷奉拝所

Gozendani-
hohaisyo
Shrine

0:40
0:30

熊鷹社

3-1

3-2

四つ辻
Yotsutsuji (Crossroad)

Sin-ike (Pond)

荷大社

トイレ

伏見神寶神社 Fushimi Kandakara
Jinja Shrine

2-1

下之社

中之社

△233

稲荷山

Mt. Inariyama

haisho
host shrine)

N

1:15,000
《地図の等高線は50m間隔》

0   250   500   750m

239.1

面山

108

奥社奉拝所と熊鷹社の
中間にあるトイレを外れる
と、東山山頂公園までないので、
境内で済ませておこう。

標識から左手の北西へ分かれる道は、阿弥陀ヶ峰^{あみだ}
▶130頁（196m）の山腹を巻いて太閤坦へ続く散策路。
山頂にある豊国廟^{ほうこくびょう}へは、太閤坦から一直線の石段を
登って達することができる（拝観有料）。

「京女 鳥部の森」の案内標識

標識の立つ尾根から谷筋へ250m下ると、国道1号
から京都市中央斎場へ続く道路と出合う。⑬があり、
左折して北へ向かう。300m先に⑭が渋谷街道▶130頁
の標石とともに立ち、道路は横断できないので地図
を参考に⑯-1まで迂回して進む。

まず、国道の歩道を北西に進み、馬町^{うままち}へ向かう渋
谷街道へ左折する。旧道が右へ分岐する直前に⑮-1
があるので、⑮-2へ街道を横断する。ここには信号
も横断歩道もないので、急に現れる車両には十分注
意しよう。再び国道1号へ向かい、地下通路で北側
へ出たのち国道に沿って東へ進む。急な階段の手前
に立つ⑯-1を見て上の道路に出ると、清閑寺山の緑
が目の前に迫る。行く手には六条天皇陵への階段と
清閑寺▶131頁が見えている。

右へカーブする分岐に⑯-2があり、清水寺▶131頁・
子安^{こやす}の塔へ向かう左（西）の道路へ進む。国道の南
側には阿弥陀ヶ峰が間近に望まれる。北へ進み、⑰
で清水山▶131頁へ向けて右手の山道に入る。そのま
ま道路を進むと五条坂^{ごじょう}や清水道へ下りることができ
るので、エスケープルートとして覚えておきたい。

巨木が目立つ照葉樹林の中を、折返しながら尾根
に登ると清閑寺の三重石塔が建っている。もうひと
登りで、清水山分岐の⑱-1に達する。ベンチが設け
られ、山頂の三等三角点（242.2m）は東へ30mにある。

石仏が祀られた尾根道を北へ下ると、200mで⑱-2
が現れる。東の稚児ヶ池^{ちご}と西の清水寺に続く山道が
少し距離を置いて分岐する。粘土質の滑りやすい道
を下ると、巨木が林立する広場が現れる。高台寺山^{こうだいじ}

照葉樹の巨木

30

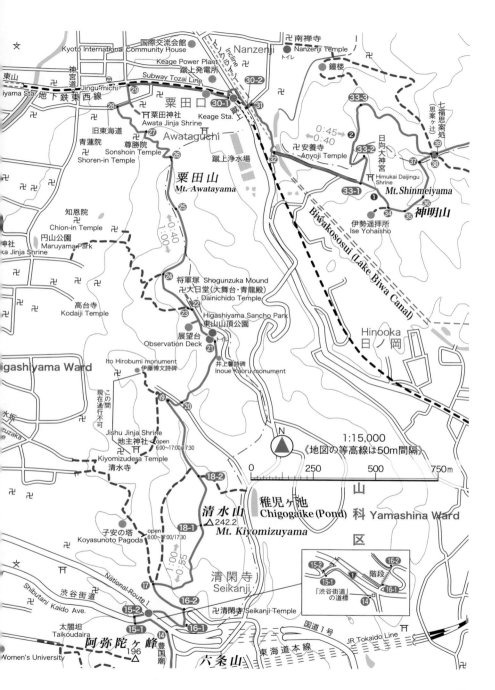

国際交流会館
Kyoto International Community House

南禅寺
Nanzenji

Keage Power Plant
蹴上発電所

Nanzenji Temple
南禅寺

トイレ

鐘楼

Subway Tozai Line

30-2

地下鉄東西線

30-2

33-3

七福思案処
（思案ヶ社）

東山
東山

Jingu-michi
神宮道

Higashiyama Sta.
地下鉄東西線

29

粟田口

30-1

31

0:45
0:40

2

33-2

39

35

37

38

粟田神社
Awata Jinja Shrine

Keage Sta.
蹴上

安養寺
Anyoji Temple

日向大神宮

27

旧東道道

Awataguchi
粟田口

32

33-1

Himukai Daijingu Shrine
日向大神宮

神明山

36

青蓮院

尊勝院

26

蹴上浄水場

1

Mt. Shinmeiyama

Shoren-in Temple
青蓮院
Sonshoin Temple
尊勝院

粟田山
Mt. Awatayama

34

神明山

知恩院
Chion-in Temple

25

伊勢遥拝所
Ise Yohaisho

円山公園
Maruyama Park

0:40
1:00

Biwakososui (Lake Biwa Canal)

神社
a Jinja Shrine

24

将軍塚 Shogunzuka Mound

高台寺
Kodaiji Temple

大日堂（大舞台・青龍殿）
Dainichido Temple

23

Higashiyama Sancho Park
東山山頂公園

展望台
Observation Deck

21

Hinooka
日ノ岡

Higashiyama Ward

Ito Hirobumi monument
伊藤博文詩碑

井上馨詩碑
Inoue Kaoru monument

19

20

Jishu Jinja Shrine
地主神社

現在
通行
不可

この間

open
6:00~17:00/17:30

N

1:15,000
《地図の等高線は50m間隔》

山

Kiyomizudera Temple
清水寺

清水寺

0

250

500

750m

18-2

稚児ヶ池
Chigogaike (Pond)

科

Yamashina Ward
山科区

清水山
清水山
△242.2
Mt. Kiyomizuyama

18-1

区

子安の塔
Koyasunoto Pagoda

open
6:00~17:00/17:30

0:55
0:??

15-2
15-1

16-2
16-1

階段

清閑寺
Seikanji

National Route 1

Shibutani Kaido Ave.
渋谷街道

17

「渋谷街道」
の道標

14

16-2

15-2

清閑寺 Seikanji Temple
清閑寺

太閤坦
Taikoudaira

15-1

16-1

国道1号

阿弥陀ヶ峰

14

豊国廟

JR Tokaido Line
JR Tokaido Line

Women's University

196
△

東海道本線

六条山

六条山

31

国有林の標識とともに、トレイルの⑲と清水寺への古い道標が立っている。清水寺・地主神社へは、尾根を少し北西に行ってから左手の谷筋へ下る。伊藤博文の詩碑▶131頁は尾根の先端にあるが、地主神社・伊藤博文の詩碑への道は整備中のため現在通行止め。

コースはここで折返すように右折し、防災道路を横断する地点に⑳がある。北へ登り返す道がトレイルコースで、尾根を北上する。

東山山頂公園の手前に井上馨（号：世外）の大きな石碑▶131頁が立ち、㉑で明るい広場が現れる。駐車場の手前にトイレがある。駐車場から西に40m離れた展望台では、京都市街のパノラマが広がる。

青蓮院門跡の飛地境内である大日堂へ向かい、門前の手前西側にある㉒から境内を迂回するように北へ進む。すぐに㉓があって、右手（北）の小径へ入るよう指示している。左手（西）は円山公園へ下山する。トラバースして境内にある将軍塚▶131頁を避けると、㉔で再び西に円山公園への道を分ける。

コースは大日堂の大舞台の下を北東へ続き、粟田山の西斜面を下る。ルートは近年付け替えられ、新しい踏跡を選んで折返す。㉗から西に進んで少し登り返すと尊勝院▶132頁の境内だ。元三大師（慈恵大師良源）ゆかりの寺で桜が美しい。

住宅地を下ると、旧東海道との三叉路に㉘と元三大師道の標石が立つ。右折（東）すれば南側に粟田神社▶132頁の鳥居が見える。境内には石段と坂道を登り返さないといけないが、見事な紅葉で知られる。

神社の参道を北へいくと、三条通（府道143号）との角に㉙が立つ。この辺り一帯を粟田口と呼ぶ。

ここから蹴上の信号まで、爪先上がりの歩道を東へ450m歩けば地下鉄蹴上駅に着く。途中の右（南）側には佛光寺本廟があり、親鸞聖人が祀られている。

❗ 現在、樹林の再生作業中。⑲から地主神社と伊藤博文の詩碑には立入禁止。

❗ ⑳から㉑の間は踏み跡が幾筋にも分かれる。どれも山頂公園へ続くので、歩きやすいルートを選ぼう。

❗ ㉓・㉔は右手がトレイルコース。左は円山公園や知恩院へ下ることができるので、エスケープルートとして覚えておきたい。

㉓付近には、京都付近ではあまり見られないナナカマドの幼樹がある。大切にしたい。

洛東の名所と大文字山の眺望を楽しむ

大文字山山頂からの眺望

東山コース 3

［標識＝ 30-2 〜 52-1］ 蹴上〜浄土寺橋

距離＝ 7.1km
標準コースタイム＝→ 3:00
コースレベル＝▲▲△（45〜47-2＝▲▲▲）
公式ガイドマップ＝「東山」
1:25,000 地形図＝「京都東北部」

アクセス：
起点
　地下鉄東西線「蹴上」駅⇨東山 30-1・30-2・31
終点
　市バス「銀閣寺前」バス停⇨東山 51
　市バス「銀閣寺道」バス停⇨東山 52-1

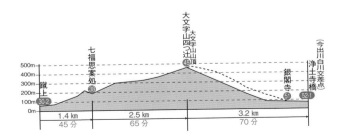

三条通が曲線を描く蹴上の三叉路は広大で、西側の標識東山 30-1 （以下番号のみで表記）から東側の 30-2 まで横断歩道を二回に分けて渡ろう。まず三条通を北側へ向かい、左手の蹴上発電所を見たら次はインクライン（傾斜鉄道）に向けて東へ進む。線路の西側を南東に向かうと左手（東）にトンネルの出入口がある。「ねじりマンポ」と呼ばれる赤煉瓦造りの構造物は今も現役だ。

　トンネルをくぐって東に抜けると 31 があって、琵琶湖疏水▶132頁の関連施設が周囲に点在する。直進する道は南禅寺に通じる。ここで右折し、インクラインと平行に進む。公園の上部には、この事業の立役者である田邊朔郎の像が立つ。一説には、地名の由来になったともされる「義経地蔵」が近くにある。インクライン上部の蹴上船溜に 32 があるので、左折（東）して大神宮橋を渡り日向大神宮▶132頁を目指して参道を登る。

　坂道の途中の北側に安養寺があり、さらに400mで鳥居が現れる（ 33-1 ）。トレイルコースはここで二つ

⚠ 日向大神宮の観光トイレは現在使用できない。出発前に蹴上駅や岡崎公園、南禅寺境内で済ませておこう。銀閣寺前まで、コースの途中にトイレはない。

第二疏水（左）と第一疏水の合流点（赤煉瓦造りの建物は旧九条山浄水場原水ポンプ室）

ねじりマンポ

インクラインの台車（蹴上船溜）

田邊朔郎像

に分かれ、❶東へ向かう当初のルートと ❷境内を通り北に向かう後から整備されたものがある。

　❶ そのまま東へ林の中を進むと、南へ折返して㉞が立つ尾根に登り着く。西のピークには伊勢遥拝所（いせようはいしょ）がある。コースは東へ滑りやすい露岩が連続する。㉟で北東に向きを変え、さらにピークの㊱で北へ向く。この山を神明山（しんめい）と呼ぶ。㊲では左へ尾根道が延びるものの、右折して傾斜の強い坂を下って峠に降り立つ（西側に㊳・東側に㊴）。

　❷ 日向大神宮の外宮（げく）と内宮（ないく）に参拝し、拝殿の左手（西）で左折（�33-2）すると天岩戸（あまのいわと）が右手（北）に見える。迂回して北へ曲がると木の根が地表を這う山道になる。尾根に出た�33-3では東南東へ山腹を進む。北北西へ下る尾根道は南禅寺の鐘楼へ降りることができ、南東へ上る尾根道は神明山に続く。大きく曲がりながら木の根道のトラバースを続けると、徐々に東へ向きを変えて㊳・㊴が立つ峠に着く。

　開けた鞍部（峠）には七方向から道が合わさり、七福思案処（しちふくしあんどころ）（思案ヶ辻）と呼ぶ重要地点である。左手（北西）の谷は南禅寺へ下りることができるので、エスケープの場合は利用できる。他は若王子山（にゃくおうじ）や御陵（みささぎ）・毘沙門堂（びしゃもん）へつながる山道だが、若王子山へは

日向大神宮前の分岐（❶は右手の道を奥へ。❷は手前左の境内へ。鳥居は神田稲荷神社）

　❗ ❶ルートは岩場と急坂が続く。山慣れない方がいる場合は、❷の日向大神宮境内を通るルートを利用しよう。

　❗ 大文字山頂上から北西の尾根を下り、「大文字」送り火の火床を経て銀閣寺門前へ約50分（登りは約1時間10分）。山歩きに慣れていない方がいる場合は、このルートで下山しよう。火床から見下ろす京都市街が見事だ。途中にある千人塚から鹿ヶ谷へ降りるルートもある。

大文字山四つ辻へ

京都一周トレイル
東山コース ㊴

若王子山へ（不明瞭）

御陵・毘沙門堂へ

南禅寺へ

日向大神宮から

日向大神宮から
神明山を経て

七福思案処。㊳側から撮影

不明瞭な箇所もあるので注意が必要だ。

　峠から概ね東に登ると、200mで北西へ折返す。再び北東に曲がると尾根上を歩くようになる。露岩や石礫が目立つやや歩きにくい道だが、振り返ると山科（やましな）盆地やこれまで辿ってきた東山（ひがしやま）を見下ろせるビューポイントもある。ところどころで倒木が目立つ。

　植林の中を進むと、大日山（だいにち）から南禅寺へ下る支尾根と合流する（㊵）。その直前で、右手には迂回路が設けられている。そのあと南東斜面をトラバースするが、支尾根にも上下に小径があるのでしっかりコースを確認しよう。

　左へカーブしながら登ると、㊶で毘沙門堂・山科聖天（しょうてん）から上がってきた小径が右手（南東）から合流する。なおも左へ曲がると尾根に戻り、岡崎（おかざき）公園を手前に京都市街の風景が広がる地点に出る。

　幅の広くなった尾根道を北へ進めば、㊷で若王子墓地への小径を左（西）に分ける。この付近から<u>大文字山</u>（だいもん）（じ）<u>▶132頁</u>（465.3m）まで、緩急をつけながらほぼ登りになる。山道の分岐や方角が変わるところに㊸-1・㊸-2が設置され、どれもいちばん明瞭な道を進む。

　その先で右（東）側へいったん下り、登り返して

志賀越

今出川通
Imadegawa Dori St

Mt. Yoshidayama
吉田山

浄土寺
銀閣寺道
Ginkakuji-michi
(Shirakawa Dori Imadegawa)

△121

吉田
Yoshida
△105.1

浄土寺
Jodoji

真正極楽寺
（真如堂）
Shinshogokurakuji Temple
(Shinnyodo Temple)

白川

金戒光明寺
（黒谷さん）
Konkai komyoji Temple
(Kurodanisan)

真如堂前
Shinnyodo

Shirakawa Dori St

丸太町通
Marutamachi Dori St.

丸太町通

★

岡崎
公園

岡崎
Okazaki

Shira

京都市動物園
Kyoto Municipal Zoo

仁王門通
Niomon Dori St.

国際交流会館

蹴上発電所
Keage Power Plant
蹴上発電所

三条通 Sanjo Dori St.
三条通 Sanjo Dori St.

インクライン
Incline

㉙

㉘

粟田口
Awataguchi

粟田神社
Awata Jinja Shrine

㉗

尊勝院
Sonshoin Temple

㉖

0:40
1:00

蹴上浄水場
Keage Water
Purification Daijingu
Plant

30-2

30-1

㉛

東　山　区

粟田山

琵琶湖

㉕

北白川天神宮
Kitashirakawa Tenjingu Shrine

「大文字火床」 ← ←「大文字火床」 △大文字山頂上
急坂
コース 大文字山 45
大文字山 林道 雨社大神・
四つ辻 如意ヶ岳→

*8/16 入山禁止
No entry on August 16th

慈照寺 (銀閣寺)
Jishoji (Ginkakuji) Temple

銀閣寺前
akuji-mae
トイレ

52-2
Road
shi Bridge
1:25
1:10

「哲学の道」
Tetsugakunomichi St.

51

50 法然院
49 Honen-in Temple
法然院森のセンター

善気山
Mt. Zenkisan

五山送り火「大文字」
Daimonji (Send-off Bonfire Daimonji)

*8/16 入山禁止
No entry on August 16th

安楽寺
Anrakuji Temple

霊鑑寺 Reikanji Temple

47-1

桜谷川 Sakuradanigawa 47-2 River

俊寛僧都忠誠の碑
Shunkan Souzu Loyalty Monument

46

楼門ノ滝
Romonnotaki Waterfall

1:10
1:45

大文字山
Mt. Daimonjiyama

大文字山
△
465.3

大文字山四つ辻
Daimonjiyama Yotsutsuji

45

0:10

鹿ヶ谷
Shishigatani

Shishigatani Dori St.
鹿ヶ谷通

48

(Philosopher's Path)
(哲学の道)

熊野若王子神社
Kumano-nyakuoji Jinja Shrine

*林道には入らないこと!

左 京 区
Sakyo Ward

京都市
KYOTO CITY

44-1 44-2

43-2

43-1

安祥寺川

禅林寺
(永観堂)
Zenrinji (Eikando) Temple

nji
Temple

若王子山
Mt. Nyakuojiyama

若王子山墓地
Nyakuoji Cemetery

42

N

1:15,000
《地図の等高線は50m間隔》

0 250 500 750m

大日山 Mt. Dainichiyama

40 41

迂回路

山科へは 44-1 か 44-2 から安
祥寺川に下って毘沙門
堂門跡に出ることもできる。部
分的に倒木がある。

33-3

鐘楼

2

0:45
0:40

33-2
nyoji Temple

七福思案処
(思案ヶ辻)
Shichifuku Shiandokoro (Crossroad)
(Shiangatsuji)

39

1:05
1:00

37

38

33-1

日向大神宮
Himukai Daijingu Shrine

1

34 35 36

神明山
Mt. Shinmeiyama

伊勢遥拝所

37

大文字山四つ辻（大文字山頂上側から撮影。コースは奥から来て、標識の手前で右手に下る）

進むと 44-1 で林道がコースを横断する。40m 先の
44-2 では安祥寺川へ下る小径が南に分かれるので、
左に折れて尾根を北上。

　間もなく先ほど出合った林道を横断し、250m 先で
大文字山四つ辻（45）に到着する。トレイルコース
は左折して西へ下るが、大文字山が北西200mにある
ので正面の坂を登って往復しよう。山頂からは、南
から西にかけて景色が開け、京都市街の彼方に奈良・
大阪方面を望むこともできる。東への山道は雨社大
神を経て如意ヶ岳（472m）に続く。

　大文字山四つ辻から谷の源頭を下ると、水害で荒
れた植林地や土砂の堆積した斜面が目立ってくる。
支谷が集まる平坦な谷筋を800m進むと、俊寛僧都忠
誠の石碑が立つ46だ。ここから山腹を右手（北）に続
く山道もあるが、折返して石碑の下に降りるのがトレ

44-1 で林道と交差する。ト
レイルコースは尾根通し
に上部へ。44-2 の先でも再び交
差する。

　大文字山の頂上は絶好
の休憩ポイント。展望も
すばらしく、ゆっくり時間をとりた
い。周囲には如意ヶ嶽城跡の
土塁や曲輪跡などが残る。

楼門ノ滝（如意ノ滝）

俊寛僧都忠誠の石碑

イルコースである。その先に左へ急な石段があり、濡れている時は危ないので右側から迂回するルートもある。

　下の広場で谷に近づくと<u>楼門ノ滝</u><ruby>楼門<rt>ろうもん</rt></ruby>▶132頁が水を落とす。小さな落差を何段にも組み合わせた滝で、下流も多段で落下する。

　狭まった<ruby>桜谷川<rt>さくらだに</rt></ruby>の右岸を慎重に下ると、**47-1**で右から小径を合わす。左折して車道に出る地点に**47-2**が立つ。大文字山四つ辻からここまで、東山コースの中ではもっとも険しい区間なので、入門者は大文字山から五山送り火の「大文字」の<ruby>火床<rt>ひ どこ</rt></ruby>を経て<ruby>銀閣<rt>ぎんかく</rt></ruby>寺へ下山するほうが安心である（約50分）。

　急な坂道に建ち並ぶ<ruby>鹿ヶ谷<rt>しし たに</rt></ruby>の住宅地を西へ下ると、500mで**48**が立つ<ruby>霊鑑寺<rt>れいかん</rt></ruby>▶133頁の門前に着く。コースは右折して北へ向かうが、そのまま西へ進むと鹿ヶ

45から**47-1**の間には、丸木橋や崖がある。足元を十分確かめて慎重に下ろう。とくに**46**付近は急斜面が続くので要注意。

大文字山北面（白川御領山）の尾根と谷は地形が複雑なため、安易に下らないこと。これまで何度も事故が発生している。

大文字火床からの眺め

谷通の市バス宮ノ前町バス停や白川通の真如堂前バス停に行くことができる。

山麓の道は安楽寺▶133頁から法然院▶133頁に続き、㊾で左折（西）すると琵琶湖疏水が目の前を流れる（㊿）。霊鑑寺と安楽寺は通常非公開だが、法然院は茅葺の山門と白砂壇のある区域に限り入山できるので、南側から境内を㊾へ周回することも可能である。

疏水沿いの散策路「哲学の道」を北へ300m余で、観光客らで賑わう銀閣寺▶133頁門前の銀閣寺橋南側にある(51)に着く。

次の(52)-1は西へ300mの浄土寺橋（今出川白川交差点）にあるが、西へ30mの鹿ヶ谷通の三叉路北側に建つトイレの傍らから一段上の散策路（「哲学の道」）に入り、流れを右（北）に見て桜並木を歩きたい。交差点のバス停は、行先によって三箇所に分かれる。

ピンクのツツジに彩られた春のてんこ山付近

東山コース 4

［標識＝ 52-1 〜 74］ 浄土寺橋〜叡山ケーブル「ケーブル比叡」駅

距離＝ 7.2km
標準コースタイム＝→ 4:00
コースレベル＝▲▲△
公式ガイドマップ＝「東山」
1:25,000 地形図＝「京都東北部」

アクセス：
起点
　市バス「銀閣寺道」バス停⇨東山 52-1
終点
　叡山ケーブル 「ケーブル比叡」駅⇦東山 74

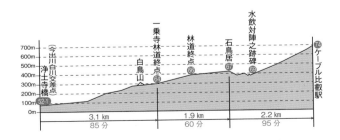

			水飲対陣之跡碑	
	一乗寺林道終点	林道終点	石鳥居	74 ケーブル比叡駅
(今出川白川交差点) 浄土寺橋	白鳥山 64	66	67	69

700m
600m
500m
400m
300m
200m
100m
0m

52-1

3.1 km	1.9 km	2.2 km
85 分	60 分	95 分

41

浄土寺橋（今出川白川交差点）の北東角から疏水の北側を北東へ向かう斜めの道路に入る。志賀越（山中越）の十字路（北西角）に標識東山 52-2 （以下番号のみで表記）があり、東方向へ右折する。

荒神口（「京の七口」のひとつ）へ続く街道を進むと、白川を挟んだ右手の小高い杜が北白川天神宮▶133頁である。

左手に御旅所と神輿収蔵庫を見て250m進むと、北白川仕伏町 53 の三叉路に着く。東側には、北白川宮（照高院）との関係を伝える乗願院がある。

府道30号（山中越・御蔭通）を、横断歩道で道路の北側に渡る。歩道を西に進み、北白川バプテスト教会の先に立つ 54 から右手（北）の道に入る。正面に見える白亜の日本バプテスト病院に向かって進む。70m先の 55 を見てY字路は右（東）にとり、病院の駐車場を奥へ進もう。

病院の建物に沿った小径へ入り、右側の川と左側の塀の間を進むと、樹林の入口に 56-1 が立つ。

ここから道は二つに分かれて並行するため、どちらの道でもよい。右側の道は川の流れに沿って大山祇神社・地龍大明神の鳥居前に着く。左側斜面への道は、神社の境内へ直接入る。付近にはモミジが多い。

周囲は花崗岩に覆われ、真砂土の川の流れは透き通って白い。境内石垣の北端に立つ 56-2 は、トレイルの❶旧道（谷道）と❷新道（尾根道）との分岐点である。

❶旧道は、地龍大明神の石段下から谷沿いにメタセコイヤが目印の分岐 57 へ。乗越と谷合流点 58 を経て、上流に立つ 59 から北へ坂を詰めると尾根に至る（60）。

❷尾根道の新道は、茶山・白幽子旧跡▶133頁・清沢口石切場▶133頁を経て狸谷不動の巡礼道に達し、瓜生山▶134頁頂上から 60 へ快適な山歩きが楽しめる。

地元の「北白川愛郷会」によって整備された新道、

53 近くに京都市バスの誘導員詰所（御蔭通の北側）があり、トイレを借りることができる。声をかけて利用のこと。

白幽子旧跡

散見できる加工途中の「白川石」

瓜生山頂上

三十六童子巡りの童子像

56-2 で谷から離れて左の尾根に取付く。落葉広葉樹の尾根が続き、傾斜の増した坂道を100m登りきると、広場のある山頂（茶山＝ 56-3 ）に着く。

西に山道が分岐するものの、トレイルコースは北東方向へ尾根を進む。 57-1 からは、尾根を離れて右（東）斜面への水平道に入り、落葉で滑らないよう東へ注意して進む。

南へ方向を変えてから左（東）下の広場へ降りると、「白幽子巖居之蹟」碑（富岡鉄斎）の横に 58-1 がある。南へ坂を40m下ると、「白幽子の使った井戸」もある。

花崗岩の間を折返しながら北東に登り、 58-2 から北西へ登ると「清沢口石切場」の案内があり、東にその露頭が見える。

谷間から尾根へ出る地点に 59-1 があって、東へ30m行った分岐の 59-2 で狸谷不動の巡礼道が左手から合流する。巡礼33番から34番・35番・36番と辿れば瓜生山の山頂に達する。

ベンガラ色の柱と白壁の「奥之院　幸龍大権現」社殿が建ち、手前は広場になっている。北側に瓜生山 59-3 があり、元勝軍地蔵石室の案内板が並ぶ。石室は社殿の裏側にある。

標識から北へ降りて30mのT字路 59-4 は、狸谷不動の巡礼道が北に分れる。標識を見て東へ直進し、窪んだ山道を緩やかに下ると尾根道になる。

次のT字路に立つ 59-5 は、直角に右折する。尾根を直進すると曼殊院へ下ることができる。トレイルコースはここで東方向へトラバースするが、右手の迂回ルートで崩落箇所を越える。

尾根上の緩やかな下り道が続き、水平に進むようになると 60 に着く。右（南）の谷から登ってくる道は、 56-2 からの旧道（谷道）である。

新旧の道の合流点からは東方向への登り坂だ。小

■三十六童子巡りの道

　一乗寺にある狸谷山不動院から瓜生山の北面を一周する道で、不動明王の使者である三十六体の童子像が祀られている。途中に厄除坂の岩場もある。

さなカーブを繰り返して、右手の尾根に上ると標識のない三叉路に着く。方向を左（北）にとって尾根沿いに登れば、**61**のある分岐である。

右の尾根道は白鳥山（北城出丸址）を経て北側でトレイルに戻るコース。左（西）側の水平道を北へ巻きながら上がれば、比叡山の眺めがよい箇所を経て白鳥山からの道と合流する（**62**）。

平坦な尾根を北進すると、樹木が伐採された箇所で北西方向に宝ヶ池から西賀茂の展望が開ける。**63**は左に尾根を北進する。

坂を下って林道へ降りると**64**が立つ。左手の緩い坂の林道は、曼殊院や武田薬品工業京都薬用植物園へ下ることができる。トレイルコースは、右（東）側の尾根に沿ってわずかに登る。初夏ならツツジの花に包まれる。

ほぼ平坦な尾根道と斜面の水平道が続く。深く北東へ曲がると、降雨で洗われて木の根が露出した登り坂になる。深い折返しの末に尾根上へ達する。北へ急な坂を降りると左右（東西）が開けた広い空間で、中央に**65**が立つ。この三叉路を西に向かえば曼殊院への林道につながる。

幅の広い道は尾根の東斜面を水平に続くため歩きやすく、大半が落葉広葉樹に囲まれていて季節感が味わえる。

左にカーブする**66**では、てんこ山（442.2m）の山頂へ続く山道が北へ分かれる。山の斜面を左手に見上げながら林道をなおも進む。

左（西）側の尾根が低くなって近づいてくると、送電線の鉄塔が現れ、掛橋の明るい広場に着く。南から登ってきた道（弁天道）に石鳥居▶134頁が立つ。西寄りに**67**があり、北へ延びる道路は東へ向きを変えて比叡山ドライブウェイにつながる。音羽川（修学院）の治山事業用のものだ。

鷺森神社

Manshuin Temple
曼殊院

武田薬品工業
京都薬用植物園

左 京 区
Sakyo Ward

一乗寺
Ichijoji

一乗寺林道
Ichijoji Rindo Forestry Road

詩仙堂
Temple

65

1:00
0:45

64

63

不動明王 Tanukidanisan Fudoin Temple
（狸谷不動）

59-2
59-1
59-4 59-5
59-3
60
62
Mt. Shiratoriyama
白鳥山
61 （北城出丸址）
(Kitashiro demaruato Castle Ruins)

Mt. Uryuyama
(Uryuzan)
58-2
58-1

瓜 生 山 △ 301

清沢口
石切場 Kiyosawaguchi

Mt. Chayama
茶山
57-1

白幽子旧跡 Hakuyushi Ruins

56-3

59

不動院 卍
Fudoin Temple

〈廃道〉

京 都 市
Kyoto City

① ②

大山祇神社
地龍大明神
mi Jinja Shrine
imyojin Shrine

56-2

57

58

56-1

55

快町
53

卍乗願院
Jogan-in Temple

**白
川**

Prefectural road 30

Shirakawa   River

北白川天神宮
Kitashirakawa Tenjingu Shrine

N

1:15,000
《地図の等高線は50m間隔》

0   250   500   750

慈照寺 Jishoji (Ginkakuji) Temple
（銀閣寺）

哲学の道

新緑にツツジが彩る初夏のトレイル

標識から西斜面の暗いスギ林に入って西へと下る。いったん傾斜が緩くなり、次に音羽川上流のせせらぎが聞こえてきて谷へ降りる。木製の橋が架かり、川幅は3ｍほどだが、降雨時には一気に水位が上昇して渡れなくなることもあるので注意しよう。

この先の「水飲対陣之跡」碑▶134頁までにもう二本の小谷（音羽川支流）を越えるが、川幅は半分以下で水量も少ない。音羽川の右岸に渡って北西へ進む。

支尾根を越えると一つ目の小谷に降りる。木橋を渡って斜め左への坂を上がり、ゴツゴツとした岩の尾根を越える。ジグザグの坂を下った次の小谷の手前に❻❽がある。水害で谷筋は荒れている。

流れを跨いで左へ坂を上がれば❻❾に着く。周囲は雑木林で、大きな石碑を中心に上空が開ける。南西方向は修学院へ下る雲母坂▶134頁。北の梅谷道は、やがて西に向きを変えて赤山禅院の北側へ下る。

北東へ登るのがトレイルコースで、送電線を越えた左手が展望台になっている。落葉樹林の中の右手には堂々としたクヌギ（アベマキ）の大木が立つ。深く浸食された古道を100ｍ進むと、右（東）側に浄利結界趾の標石が見える。

緩やかになった尾根上の道を北西方向へ進む。浸食されたＵ字型の溝底の道は歴史を感じる。

梅谷道から分かれた尾根道との合流地点に❼⓿が立つ。崩落斜面の上端を横断し、深く浸食された道を進む。スギ林の中に❼❶があり、西南方向に市街地が眺められる。

東方向へ溝状の道を緩やかに登り始め、傾斜が強まると❼❷が現れる。左斜面（北）の小径は千種忠顕碑▶134頁に登ってから❼❸-❶へ下る。右（東）のコースは、東から北へ向きを変えて❼❸-❶の五叉路に至る。南西側50ｍ先に千種忠顕碑への小径がある。

雲母坂では、登るにつれ倒木が目立つので、トレイルコース以外の山道には入らないこと。

46

八瀬
Yase

ケーブル八瀬

Takanogawa River

Cable-Yase Sta.

Yasehieizanguchi Sta.

京福電鉄鋼索線
（叡山ケーブル）
Eizan Cable car

1:15,000
《地図の等高線は50m間隔》

0　　250　　500　　750m

N

Rope-Hiei Sta.
ロープ比叡

ケーブル比叡
Cable-Hiei Sta.

トイレ

叡山ロープウェイ
Eizan Ropeway

蛇ヶ池
Jagaike

スキー場跡
Hieizan Ski Slope
(Jagaike) Ruins

ガーデンミュージアム

比叡山
叡ム

△838

四明ヶ岳
Mt. Shimeigadake

行者道
Gyojamichi

比叡山頂
Hiei-sancho Sta.

「比叡ビュースポット」
Lookout (Hiei View Spot)

やどり地蔵

73-1

73-3

73-2

千種忠顕碑
Chigusa Tadaaki monument

行者道
Gyojamichi

72

71

70

「水飲対陣之跡」碑（左奥に道標）

1:35
1:00

淨刹結界跡
Josetsu-kekkainoato Ruins
※徒歩注意！

68

Mizunomi-Taijinnoato
Ruins

69

「水飲対陣之跡」碑

雲母坂
Kirarazaka

Footpath

てんこ山
△442.2
Mt. Tenkoyama

掛橋
（石鳥居）
Ishi (Stone) Torii gate
(Kakehashi)

67

弁天道の石鳥居（掛橋）

大津市
Otsu City

1:00
0:45

66

65

「水飲対陣之跡」碑（左奥に道標）

⚠ 体調不良などで下山する
　場合は、㉞までなら本文
記載のルートで北白川・一乗寺
に下山できる。㊸以降なら、㊹
から梅谷道を利用しよう。雲母
坂より歩きやすい道が続く。

47

東山コース4

西方向の山道は⓲に続くが、倒木に阻まれる。

　ケーブル比叡▶134頁駅へのトレイルコースは、❶東へトラバースする行者道から電波塔を経て駅に向かうものと、❷北東方向の坂を上がって駅へ直接向かう二つのルートに分かれる。

　東の行者道（❶）に入ると、100m上がった分岐に73-2がある。そのままスギ・ヒノキの樹間を縫うように登り、73-3で行者道はまっすぐ北へ行くため、標識を見落とさないよう左（西）へ入ること。

　右手に電波塔が聳え、「比叡ビュースポット」の展望所に着く。右手にやどり地蔵を見てケーブル比叡駅の南側広場着く（74）。

　西の階段は73-1から直接登ってくるトレイルコースだ（❷）。

ケーブル比叡駅前（南側）や「比叡ビュースポット」では、見事な眺望が得られる。

「ケーブル比叡」駅付近からの京都市街と大阪方面の眺望

比叡山系を縦走する 最も山らしいエリア

峰道と横高山・水井山（左は大原の盆地。遠景右は比良山系）

北山東部コース1

［標識＝1〜24］ 叡山ケーブル「ケーブル比叡」駅〜京都バス「戸寺」

距離＝9.8km
標準コースタイム＝→ 4:55
コースレベル＝▲▲▲
公式ガイドマップ＝「北山（東部）」
1:25,000 地形図＝「京都東北部」「大原」

アクセス：
起点
　叡山ケーブル「ケーブル比叡」駅⇨北山❶
終点
　京都バス「戸寺」バス停⇦北山㉔

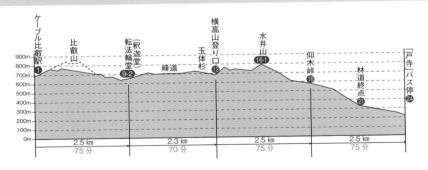

北山東部コース（17.9km）の起点となる標識北山❶（以下番号のみで表記）はケーブル比叡▶134頁駅駅舎の東にあり、東方向へ上がる広い地道を登る。200mでロープウェイが頭上を越え、カーブが続く坂を登りきるとススキの原が見えてくる。

比叡山▶135頁スキー場跡（蛇ヶ池）の❷とトレイル案内板で位置を確認し、右に分れる坂道の先に四明ヶ岳（838m）山頂を見ながら平坦な道を北東へ進む。

ゲレンデ跡の北端から山道を東に曲がって緩やかな坂を上がると、❸からはほぼ平坦な道となり、左下斜面のツツジが次の春を待っている（つつじヶ丘）。ベンチのある❹では、北山の山並みと横高山へ続く尾根や大原・琵琶湖の眺めが視野いっぱいに広がる。

道を東へ下り、京都府・滋賀県境の❺と「鎮護国家」碑を越える。緩やかに下って、ドライブウェイに架かる橋の前（❻）の誘導に従って歩道橋で奥比叡ドライブウェイを渡る。

山王院の❼からは段差のある石段の下り（御廟道）で、手摺に沿って丁寧に歩けば、一気に厳かな雰囲気に包まれる。延暦寺の境内では、修行僧と出会うこともある。

正面の浄土院▶135頁は最澄（伝教大師）の御廟があり、延暦寺では最も清浄な聖域である。西へ参道が続き、前方に西塔の巡拝受付所が見えてきたら、その手前30mにある❽から右下へ石段を下る。通常は巡拝料が必要な西塔の堂舎エリアだが、トレイルコースは無料で通らせていただいている。

人ひとり通れるだけの小径が草むらに延びる。❾-❶で広い道に出ると、右手にトイレがあり転法輪堂（釈迦堂）前の❾-❷に達する。

有料拝観エリアへの立入りは厳禁。文化財周辺と

大津（滋賀県）側の登路は、坂本から東塔本坂を登るものや、裳立山からケーブル延暦寺駅を経由するものなど、数コースがある（いずれも登り3時間程度、下り2時間程度）。

「鎮護国家」碑

峰道レストランからの琵琶湖の眺望

西塔から峰辻まで、修行僧の道を歩く。道中には元三大師道の丁石が埋設され、信仰の道でもある。人々の願いを感じながら、その歴史に想いを馳せよう。

境内での飲食や火気取扱いも禁止事項である。神聖な修行の場であることを認識して、コースを忠実に辿ろう。

　右手の居士林食堂跡（こじりんじきどう）を越えた **10-1** では、右の細い坂道を直進する。背を低くしてドライブウェイのトンネルを抜けると、**10-2** から回峰行の道（峰道（みねみち））に入る。府県境界の尾根は、落葉広葉樹とモミ林の中に石仏や丁石が続く気持ちのよい道だ。右下にはドライブウェイが平行して走る。いったん尾根を外れて西斜面に入ると、青龍寺（せいりゅうじ）から上がってくる車道が見え、**11-1** で交差する。

　40m 東にあるドライブウェイを横断すると、右手にある峰道レストラン（トイレあり）を利用することもできる。分岐に戻り、さらに北へ続く回峰行の道に入れば、再び快適な尾根道となって東側にドライブウェイが平行する（**11-2**）。

　木の根道を上りきると玉体杉（ぎょくたいすぎ）▶135頁に到着する。回峰行（かいほうぎょう）では京都御所を拝して、玉体すなわち天皇の安泰を祈り、国の平安を祈る場所である。東西に滋賀・京都が見渡せるので、ぜひ休憩したい。

　北西方向へ緩やかに下ると、峰辻（みねつじ）の **⑫** とトレイル案内板・せりあい地蔵が並ぶ。横高山▶135頁（767m）の登り口である。十字路になっており、西は大原街道（敦賀街道（つるがかいどう）・国道367号）の登山口（とざんぐち）バス停へ下ることができる。東へ向かう山道（峰道）はすぐにドライブウェイを潜って横川中堂へ続く。

　トレイルコースは、正面の坂をいきなり標高差80mの急登。登り詰めると左手に横高山 **⑬** がある。下りは北東方向に向きを変え、**⑭** を越えてさらに下り、コル（鞍部）には **⑮** が立つ。再び急な登り坂と

玉体杉と蓮台石（ごしょう）

峰辻（せりあい地蔵）

> **❗** 峰辻（せりあい地蔵）から横高山へ、標高差80mほどの急坂が続く。水井山へも同様の道で、呼吸を整えながらゆっくり登ろう。

51

なって、水井山▶135頁の三角点に着く（16-1）。ここは、京都一周トレイルの最高地点（793.9m）である。

　付近は2018年の台風による被害が大きく、作業用の林道が東面にあちこち敷設されている。コースはすべて稜線なので、踏み込まないよう注意しよう。

　仰木峠へ下る尾根道を北に進み、16-2では西尾根に入らないよう注意する。北へ下り、16-3では、今度は東の道に入らないようにしよう。尾根を忠実に下ると、16-4から長い下りとなる。坂の途中にある17は、横川に向かう東海自然歩道との分岐。この先は自然歩道との共用でよく踏まれている。

　平坦で歩きやすくなり、尾根の東側斜面の木製手摺に沿って北進し、左へ回り込んで仰木峠▶135頁

水井山頂上

❗ コース中（とくに北山・京北）の植林地では、夏期を中心にマダニやヤマヒルが生息している。ときどきズボンや靴をチェックしよう。

☞ トレイルコースから比叡山最高峰の大比叡に登るには、❷もしくは❹から四明岳方向に進む。ガーデンミュージアム比叡のフェンスに沿って山頂駐車場に向かい、東側のピークが頂上。一等三角点が設置されている。樹林に囲まれ、残念ながら展望は得られない。

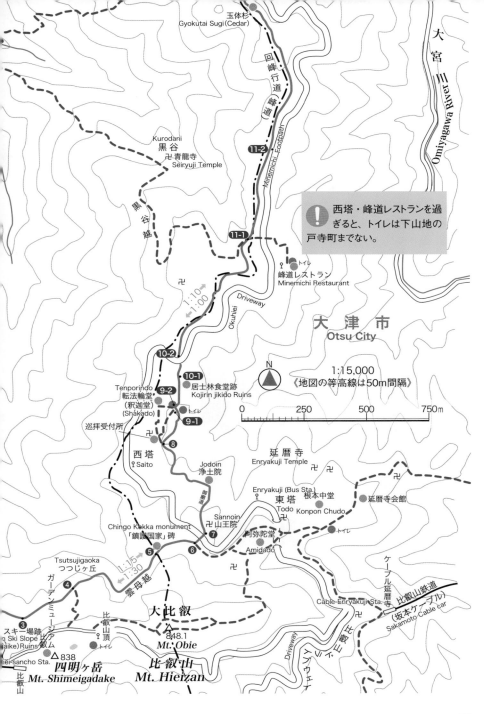

玉体杉
Gyokutai Sugi (Cedar)

回峰行道

Minemichi Footpath

11-2

Kurodani
黒谷 青龍寺
Seiryuji Temple

黒谷越

11-1

西塔・峰道レストランを過
ぎると、トイレは下山地の
戸寺町までない。

トイレ
峰道レストラン
Minemichi Restaurant

Driveway

Okuhiei

大津市
Otsu City

N

1:15,000
《地図の等高線は50m間隔》

0   250   500   750m

1:10
1:00

10-2

10-1
居士林食堂跡
Kojirin jikido Ruins

Tenporindo
転法輪堂 **9-2**
（釈迦堂）
(Shakado)
トイレ
9-1

巡拝受付所

8

西塔
Saito

延暦寺
Enryakuji Temple

Jodoin
浄土院

Enryakuji (Bus Sta.)
東塔 根本中堂
Todo Konpon Chudo
延暦寺会館

Chingo Kokka monument
「鎮護国家」碑

Sannoin
山王院
7
阿弥陀堂
Amidado

トイレ

Tsutsujigaoka
つつじヶ丘
ガーデンミュージア
4
5
6

1:15
1:30

雲母越

大比叡

比叡山鉄道
ケーブル延暦寺

スキー場跡
Ski Slope
(...aike) Ruins
比叡
叡ム
叡山

比
叡山頂
トイレ

大比叡
848.1
Mt. Obie

Cable-Enryakuji Sta.
ケーブル（坂本ケーブル）
Sakamoto Cable car

Hiei-sancho Sta.
△838
比叡山

四明ヶ岳
Mt. Shimeigadake

比叡山
Mt. Hieizan

Driveway

（⑱）に着く。峠から東は大津市（おおつ）で、JR おごと温泉駅に道が通じる。

仰木峠から戸寺（とでら）まで、標高差は355m ある。最初は西斜面を北上する広めの峠道を600m進み、「ボーイスカウト道」分岐⑲で、三千院（さんぜん）に続く東海自然歩道と離れ左手の急勾配の坂道を下る。

林立するスギの間を小径が一直線に延び、細くて足場も限られている。膝に負担がかかり過ぎないよう姿勢を正し、落ち着いたリズムで下りたい。

坂の半ばで少し傾斜は緩くなるが、沢の流れが聞こえてくるとジグザグで段差が大きくなる。一歩一歩丁寧に足を運ぼう。⑳の谷に降りて橋を渡ると、林道終点の㉑からは亀甲谷（きっこう）に沿った林道となる。傾

仰木峠

東海自然歩道
Tokai-Shizen Hodo (Tokai-Nature Trail)

惟喬親王墓

1:15
1:30

亀甲谷

大 津 市
Otsu City

ボーイスカウト道
② ② Boy Scout Michi ⑲
21 20 (Scout Association of Japan, Footpath)

京 都 市
Kyoto City

！ 「ボーイスカウト道」は急
坂が続く。疲れが出てく
る頃なので、転倒や滑落に注
意して慎重に下ろう。

仰木峠
⑱ Ogi-toge Pass

おごと温泉駅 ＞
Ogotoonsen Sta.

⑰

東海自然歩道

0:40
1:00

16-4

！ 横高山・水井山の東面
は2018年の台風による
被害が大きかった。倒木の整理
などで、作業用の林道が各所
につけられている。稜線がトレイ
ルコース。

16-3

16-2 ※東面の林道には入らないこと！

横川
Yokawa

横川中堂
Yokawa Chudo

延暦寺
Enryakuji Temple

Mt. Mizuiyama
水井山△793.9
16-1

トイレ

恵心
Eshi

※東面の林道には入らないこと！

⑮

Okuhiei Driveway
奥比叡ドライブウェイ

東海自然歩道
(Tokai Nature Trail)

大
宮
川

⑭

東海自然歩道
Tokai Shizen Hodo

0:35
0:25

Mt. Yokotakayama 横高山△767
(Mt. Shakagadake)(釈迦ヶ岳) ⑫

峰辻
(せりあい地蔵)
Minetsuji Crossroad
(Seriaijizo)

玉体杉
Gyokutai Sugi (Cedar)

N

1:15,000
《地図の等高線は50m間隔》

0 250 500 750m

55

北山東部コース 1

斜は緩いが、路面が崩れている箇所もあるので油断
できない。

　右岸・左岸と渡り返せば徐々に平坦となって、
800mで害獣避けのフェンスに着く。通り抜けたあと
扉を閉めて出入口を固定し、100mで㉒の車道に出る。
ここからは大原戸寺町の生活道路を通る。100m行っ
た左側の広場にある戸寺町公民館のトイレは、募金
箱に使用料を入れて利用することができる。

　戸寺町内の坂道は、㉓の分岐を越えて下っていく。
大原街道（敦賀街道・国道367号）の信号交差点で
いったん止まり、京都バス戸寺バス停の位置を確認
しよう（京都市内方面は左手の南側）。

左から水井山・横高山が並ぶ（金毘羅山Yケン尾根から）

歴史に彩られた山里をつなぐ峠道

戸寺から望む金毘羅山（左）と翠黛山の山稜

北山東部コース2
［標識＝ 24 ～ 46］京都バス「戸寺」～京都バス「二の瀬」

距離＝ 8.1km
標準コースタイム＝→ 3：25
コースレベル＝▲△△
公式ガイドマップ＝「北山（東部）」
1:25,000 地形図＝「大原」

アクセス：
起点
　京都バス「戸寺」バス停⇦北山㉔
終点
　叡山電鉄鞍馬線「二ノ瀬」駅⇦北山㊻
　京都バス「二の瀬」バス停⇦北山㊻

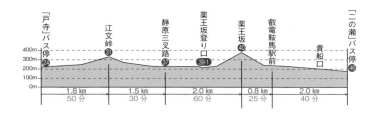

	1.8 km	1.5 km	2.0 km	0.8 km	2.0 km
	50 分	30 分	60 分	25 分	40 分

57

大原街道（敦賀街道・国道367号）の横断歩道西側に、大原戸寺標識北山❷（以下番号のみで表記）とトレイル案内板がある。

高野川への坂道を西に降りる（❷）。元井出橋を渡ったＴ字路の❷-1を右折して北進する。Ｙ字路の❷-2では、左の車道ではなく、右の高野川右岸を進む。地道で歩きやすく、❷の宮川一ノ橋まで景色がよい。

段差の低い堰が連なる高野川の浅瀬。季節ごとに種類を変える広々とした野菜畑。宮川の河川一面を覆う野草（８月〜11月のミゾソバ）に心休まる。橋から北方向には、寂光院へ向け東海自然歩道が延びているが、トレイルコースは西の宮川上流方向に進む。

前方に堂々とした翠黛山（577m）と金毘羅山（572.5m）があり、背後には水井山・横高山と比叡山が望める。宮川第二橋を渡ると、右手に西之村霊神之碑▶135頁がある。江文神社▶136頁の鳥居がある参道（馬場）と平行してまっすぐ進み、江文バイパス（府道40号）を走行車両に注意して横断する。

江文神社（境内にトイレあり）の参道分岐❷を確認して北西へ向かう。トレイルコースは150m先のＹ字路の❷から左の山道に入り、小川を渡ってスギ林を進む。２ｍ幅の道は増水時には水路となるので注意したい。

100m行った井戸の跡で空が明るくなり、水路に沿った小径をそのまま上がっていく。右（東）に大きくカーブして沢から離れ、左（西）へ深く折返して山腹を巻くと江文バイパスの車道❸に出る。道路を西へ向かうと江文峠▶136頁❸があり、鳥居の先に琴平新宮への参道が続く。

峠で位置関係を確認したら、府道の南側へ横断して小径に入る。左斜面に瓢箪崩山（532.0m）へ続く坂道を見て、西の谷筋をまっすぐ降りていくと、スギ林の林道となる。300m行った分岐に❸が立つ。

🔙 金毘羅山への登山コース
江文神社の本殿前から西に向かうと、谷筋の参道が尾根に続く。琴平新宮社の手前で江文峠からの参道と合流し、奥宮の岩壁を巻くように尾根伝いに進む。ロックゲレンデの標識に従って東側へ少し下ると、展望のよいＹケン尾根の上に出る。また、翠黛山への分岐から左に登ると、アップダウンを経て金毘羅権現社がある頂上に達する。

金毘羅山の岩場

西之村霊神の碑

林道の分岐や南斜面からの支谷をいくつか越えて進み、北側を平行してきた川と一緒にバイパス下のトンネルを潜る。車道を緩やかに西へ300m行くと、㉝でバイパス道路と合流する。歩道のない道路を車に注意しながら西方向に進む。

　静原▶136頁の盆地では、北に城山（静原城址）とコスモス畑や京漬物のすぐきを栽培する広い畑。そして東の金毘羅山を眺めることができる。南側の小学校前の点滅信号を越えると緩く右にカーブする。トレイル案内板と自動販売機が並ぶ㉞の分岐では、家屋が並ぶ北西へ進み静原川を渡る。

　集落の分岐35-1からは斜め右へ北西の道に入り、民家の間を300mで静原神社の前に着く（35-2）。イチョウやスギの大木に囲まれた静原児童公園（トイレあり）で休み、薬王坂▶136頁の急坂の登りに備えよう。

静原神社のご神木（スギ）

静原神社

神社前から西へ向かう車道では白壁とベンガラ塗り柱の民家が続き、石垣や細道の分岐が連続する。㊱の分岐は南方向に下り、T字路㊲は右折で西へ進む。下った所の㊳のT字路では、ここも右折して北西へ地道を上がる。田圃に沿って100m直進し、分岐㊴-1で左折。50mで薬王坂の登り口㊴-2に着く。

いよいよ、薬王坂の峠へ標高差160mの登りが始まる。西方向へのコンクリート道は、緩やかにカーブしながら傾斜を増す。ログハウス前で大きく北に曲がると急坂が続き車道が終わる。尾根の南側斜面の山道に入って、西へ山腹を巻いていく。ジグザグの道は、尾根上に立つ二尊板碑（にそんいたび）へ高度を上げる。現在は枯れた大木（アカマツ）が倒れたため、板碑も転倒している。

同様の坂道が北西方向へ続いて徐々に緩やかになり、大きくえぐれた㊵の薬王坂の峠に着く。

北方向に続く尾根道は、遠く天ヶ岳（あま）（788m）から百井峠（ももい）につながる。峠の西20mからは、南の竜王岳（りゅうおう）（500m）へ尾根道が分かれる（㊶）。

これまでスギ林の中を登ってきたが、鞍馬（くらま）▶136頁への山道は落葉広葉樹林に変化して明るく、標高差も

No sidewalk-
Be careful of traffic!

歩道なし
歩行注意

原　川

静

㉝

35-1

㉞

静原小学校
Shizuhara Elementary School

静原
Shizuhara

左　京
Sakyo Wa

薬王坂

二尊板碑

Mt. Konpirayama
金毘羅山
572.5

琴平新宮
Kotohira Shingu Shrine

❗ 江文神社境内にトイレが
あるので、参拝かたがた
立ち寄って行こう。

大原
Ohara

江文神社
Ebumi-Jinja Shrine

トイレ

❗ 江文峠付近には、
夏期を中心にヤ
マヒルが生息する。

江文峠
Ebumi-toge Pass

㉛

㉚

㉙

西之村霊神之碑
Nishinomura-reijinnohi (Stone)

㉘

0:30
0:40

㉜

江文バイパス
Ebumi by-pass Road

馬場

Miyakawa　River 宮
一ノ橋
Ichinohashi Bridge
㉗ 川

0:50
0:40

Takanogawa River

大原街道
Todera
大原

第二橋
Dainikyo Bridge

26-2

❗ ㉙から㉚までの谷筋は、
大雨の際は一気に増水す
る。歩行が困難な場合は、江
文バイパスへ迂回しよう。

26-1
Motoidebashi Bridge 元井出橋

㉕ ㉔

京 都 市
Kyoto City

高
野

N

1:15,000
《地図の等高線は50m間隔》

Ohara Kaido Ave.
(Tsuruga Kaido)

川

0　　　250　　　500　　　750m

61

竜王岳から望む鞍馬山

135mと短い。溝状の古道は左へ右へと曲がりながら下り、鞍馬の町並みが見えるようになると地蔵寺で、八幡宮前⓬に着く。

鞍馬川に架かる地蔵橋を越えて鞍馬街道（府道38号）に出る。⓭で街道を左折して街中を下り、鞍馬寺・由岐神社▶136頁への石段下に着く。

工芸品・木の芽煮・佃煮・山椒餅・牛若餅の土産物店が、南の叡山電鉄鞍馬駅まで軒を連ね、駅前広場には大きな天狗の面が待っている。

トレイルコースは、参拝や観光で賑わう街道と町内道路を利用しており、ランニングでの通過や道路脇に座っての休憩など、迷惑な行為は控えよう。

鞍馬駅前から鞍馬街道の二ノ瀬▶136頁⓮まで2.0km。街道を緩やかに南西へ下る。

鞍馬街道

鞍馬川

madera Temple

ine

(Bus Stop)
鞍馬
Sta.

43

42

地蔵寺卍 Jizoji Temple

0:25
0:35

八幡宮
Hachimangu
Shrine

Yakkouzaka

41

40 Pass

薬王坂

二尊板碑
Nison-Itabi monument

薬王坂にもヤマヒル
がいるので、足下を
確認しよう。

静原神社は秋がおすす
め。カエデ、イチョウの
色彩は、見に行くだけの価値が
ある。スギの巨木も見事。

Shizuhara Jinja Shrine
静原神社
卍

卍

静原児童公園
Shizuhara jido Park
トイレ

36

1:00
0:40

39-1

35-2

0:30
0:40

39-2

38

35-1

Mt. Ryuodake
竜王岳
△
500

竜王岳への登山コース
41から南へ山腹を登ると、
間もなく尾根に出て南から西へ
と坂道が続く。山頂は西面が開
かれ、鞍馬山を眺めることがで
きる。帰途は、東から北へ方向
が変わる地点に注意すること。

静原川

静原
Shizuhara

38から二尊板碑まで急坂
が連続する。降雨や積
雪のある場合は足元に十分注
意をして登ろう。

Shizuharagawa River

左京区
Sakyo Ward

Mt. Minouragadake
箕ノ裏ヶ岳
432.3
△

N

1:15,000
《地図の等高線は50m間隔》

0   250   500   750m

1.4kmの貴船口までは、交通量が多いのでとくに注意が必要だ。鞍馬街道と貴船街道（府道361号）が合流する貴船口には、鞍馬川に架かる朱色の梶取橋・貴船神社一ノ鳥居と、朱色の柵に囲まれた梶取社が並ぶ。

　貴船口からは南へ300m街道が続くが、通行車両は二ノ瀬トンネルへと分かれていくので歩きやすくなる。鞍馬川の渓谷を眺め、せせらぎを聞きながら散策できる。大きく左へカーブを曲がると二ノ瀬の町が見えてきて、200mで道路西側に北山東部コース終点の㊻が立つ。

　鞍馬駅前から二ノ瀬への鞍馬街道は狭隘な車道で距離も長く、トレイル案内標識㊹と㊺は未設置のままである。そのため、貴船口駅または二ノ瀬駅まで、叡山電鉄鞍馬線（15分間隔で運行）の利用をお勧めしたい。貴船口駅で下車する場合は、駅横の車道を南へ100mにある梶取橋を渡れば鞍馬街道と合流する。

鞍馬街道の家並み

㊸から少し北へ鞍馬街道を歩くと、古くからの家並みが続く。商家の建物も保存され、心安らぐ。

梶取社と貴船神社一ノ鳥居

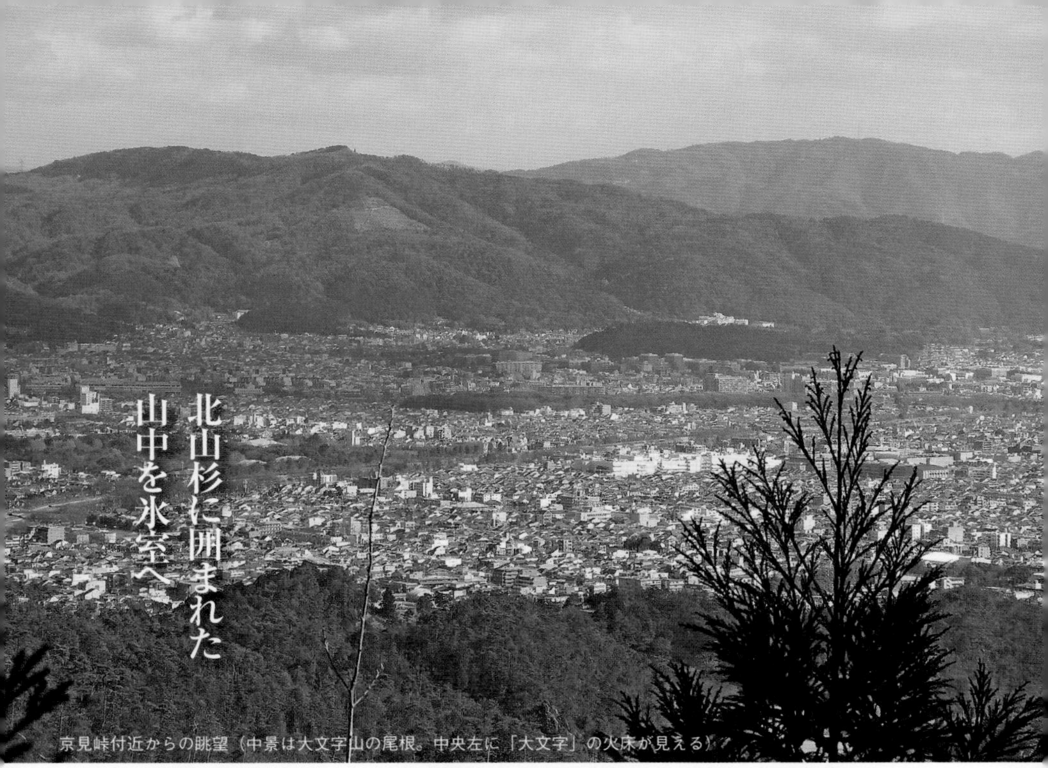

京見峠付近からの眺望（中景は大文字山の尾根。中央左に「大文字」の火床が見える）

北山杉に囲まれた山中を氷室へ

北山西部コース 1

［標識＝ 46 ～ 68］ 京都バス「二の瀬」～京見峠登り口

距離＝ 11.5km（長坂越を含む）
標準コースタイム＝→ 5:20（長坂越を含む）
コースレベル＝▲▲△
公式ガイドマップ＝「北山（西部）」
1:25,000 地形図＝「大原」「周山」「京都西北部」

アクセス：
起点
叡山電鉄鞍馬線「二ノ瀬」駅⇨北山46
京都バス「二の瀬」バス停⇨北山46
終点
市バス「鷹峯源光庵前」バス停⇦北山(68)

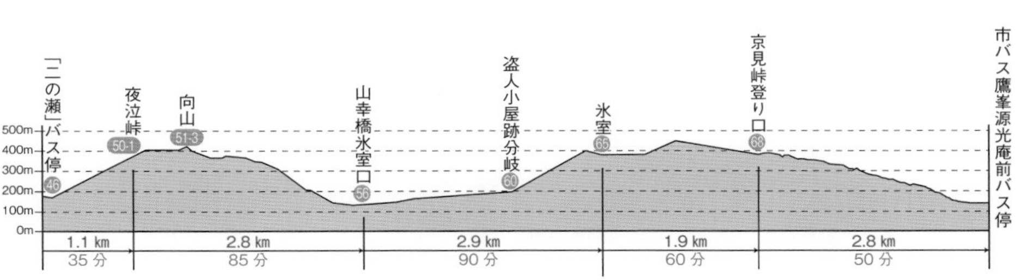
「二の瀬」バス停
46
夜泣峠
50-1
向山
51-3
山幸橋氷室口
56
盗人小屋跡分岐
60
氷室
65
京見峠登り口
68
市バス鷹峯源光庵前バス停
500m
400m
300m
200m
100m
0m
1.1 km
35 分
2.8 km
85 分
2.9 km
90 分
1.9 km
60 分
2.8 km
50 分

北山西部コース（19.7km）は鞍馬街道に立つ標識北山⑯（以下番号のみで表記）が起点である。叡山電鉄二ノ瀬駅から坂道を降りて鞍馬川に架かる橋を渡り、直進して鞍馬街道との合流地点（京都バス二の瀬バス停）を左折した先（駅から北へ200m）にある。

　町内の生活道路を西へ下り、銀杏橋を渡ると北寄りに次の⑰が立つ。二ノ瀬駅からは、駅の下の橋を渡った鞍馬川左岸を北進するとこの標識に直接来ることができる。

　コンクリート坂を上がっていくと、⑱がある。クランクを北に進めば叡山電鉄の踏切があり、渡った所は北の貴船山（716m）方面に向かう「二ノ瀬ユリ」との分岐点である。惟喬親王ゆかりの守谷神社・冨士神社▶137頁前に⑲が立つ。

　西への山道に入ると、夜泣峠▶137頁まで標高差190mの登りが始まる。砂防ダムの階段からモミジ・ツバキ・スギ・アベマキ・ヒノキ・ツバキへ林が変化していく。ところどころに東海自然歩道の標識が設置してある。

　夜泣峠50-1は、峠の15m手前の三叉路に立つ。東海自然歩道は峠から西へ下るが、向山▶137頁（426m）へ続くトレイル

　二ノ瀬駅でトイレを済ませて出発しよう。行程中のトイレは「山の家はせがわ」にしかなく、鷹峯源光庵前バス停付近にもない。

　夜泣峠への傾斜の強い砂防ダムの階段と、斜面の崩落による峠道の迂回路はゆっくりと登ろう。

　夜泣峠から山幸橋まで、向山に登らないルートは旧トレイルコース（東海自然歩道）。大岩から下流は車に注意して歩こう。

守谷神社・冨士神社　　　　　　　夜泣峠

66

コースは、標識から南方向の尾根を上がっていくので注意が必要だ。

坂を上がると道の分岐 50-2 がある。左の尾根を選び、トラバースから下った分岐には 50-3 が立つ。

緩やかな上り下りの尾根歩きで少し標識の間隔が開くものの、そのあと 51-1 と 51-2 が連続して現れる。水平道に入らないよう注意し、目前の山頂を目指して坂をひと頑張りで向山に達する。

松葉の積もる気持ちよいピークに 51-3 がある。南西方向への道を確かめ、51-4 までの急坂を慎重に下る。落葉広葉樹にアカマツが混在する明るい尾根道となり、多少の登りはあるがほとんどが長い下りである。

ベンチのある 52-1 を越えると、東北部クリーンセンターの散策路としても整備された尾根が続く。クリーンセンターの散策路北分岐 52-2 からも、引き続き尾根を西へ下って 52-3 に着く。南斜面から、比叡山や東山連峰の勇姿が望むことができる。

南西への尾根道は徐々に急傾斜となる。ツツジ林からスギ林へと下り、散策路西分岐 53-1 の T 字路に降りる。東の散策路を離れて、トレイルコースは西に進む。小さな分岐の 53-2 からは、南に向きを変えて尾根を急降下する。

谷に下りた地点の 54-1 で流れを越え、54-2 を確認する。スギ林の中へ進み、水路 54-3 で関電巡視路鉄橋を越え、洛北発電所のフェンス脇にある芝生へ下りる。

鞍馬川が賀茂川に合流し、見上げると市原バイパスの十三石橋が架かる。雲ヶ畑橋を渡って 54-4 に出る。雲ヶ畑街道（府道 61 号）の路肩に 55 があり、街道の向かい側に山幸橋氷室口 56 が見える。

ここでエスケープする場合は、街道を下流に向かっ

車坂に広がる畑

小峠

て賀茂川右岸を約1.3kmで市バス高橋南バス停に行ける。西賀茂車庫前までなら、約3km（徒歩30分ほど）である。

笹原への石段を上がると山腹に沿った小径となり、南西方向に向きを変えてから緩く登って(57)に着く。左へ鋭角に折れて東向きに進むと広々とした空間に入る。電気柵の中の畑を見ながら進むと、分岐(58)が立つ。南への道は、東に向きを変えて車坂▶137頁から雲ヶ畑街道へ下りる。

標識にしたがって北方向（右）へ折返し、畑の中を緩やかに上がる。両側の柵が切れると北西に向きが変わる。北斜面の薄暗い林の中に入れば、山道が山腹を水平に延びる。満樹峠を越えて雲ヶ畑岩屋山志明院への平安時代からの参詣道である。盗人谷一の橋を越えると道は北向きとなり、トラバースで西へと向きを変える。

右手の盗人谷の流れが近づくとトレイル案内板が現れ、その横には(59)が立つ。向きを北西に変えて谷の左俣を渡り、右俣の右岸に沿って登る。もう一度徒渉すると、盗人谷小屋跡分岐(60)に出る。満樹峠へ向かう右俣の道は廃道になっている。

左俣左岸に沿って西へ延びる山道を辿る。ここから小峠まで標高差は200mあるが、氷室の住民がかつて往来した道で、あまり疲れを感じさせない。

豪雨で流れた盗人谷二の橋が架かっていた地点は、山側斜面の階段から谷を越えて迂回する。盗人谷三の橋からの登りは、傾斜が急になったところで鋭角に左折し、尾根を少し上がって右に回り込む（分岐(61)）。ここが坂道のほぼ中間地点だ。

再び斜面を横切る坂道は左に右にと折返す。やがて谷の源頭へ出て坂道を登りきれば、(62)の小峠である。北へ延びる坂道は、満樹峠から十三石山（495.3m）

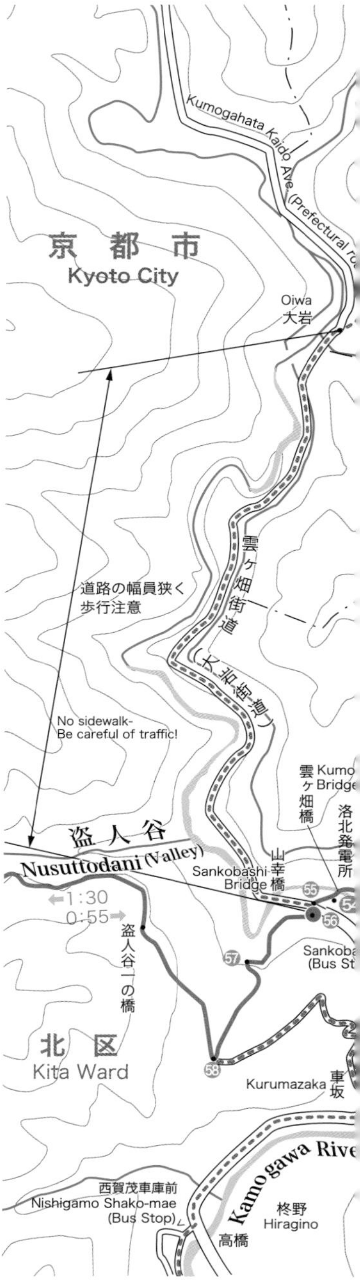

守谷神社・冨士神社から夜泣峠にかけての植林地にヤマヒルが生息。注意しながら歩こう。

Tokai Shizen-Hodo
(Tokai Nature Trail)

東海自然歩道

Yonaki-toge Pass
夜泣峠
50-2
50-1

Moritani Jinja Shrine
Fuji Jinja Shrine

守冨
谷士
神神
社社

0:40
0:45

二ノ瀬トンネル
Ninose Tunnel

鞍馬街道

49

0:35
0:25
卍

48

47

Ninose
(Bus Stop)
46

鞍
馬
川

50-3

銀杏橋
Ichobashi-Bridge

二ノ瀬
Ninose Sta.
トイレ

51-1
51-2

Mt. Mukaiyama 向山
426
51-4
51-3

左京区
Sakyo Ward

1:25
1:45

52-1

52-2

52-3

Ichihara by-pass

東北部
クリーンセンター
Tohokubu
Clean Center

静市

市
原

Ichihara Sta.

53-2
53-1

市原バイパス

Kuramagawa River

hi

54-1

叡
山
電
鉄
鞍
馬
線

Eiden Kurama Line

2

sangokubashi Bridge

貴
茂
川

N

1:15,000
《地図の等高線は50m間隔》

0   250   500   750m

Mt. Koyama △ 神山 301.2

に続く。その急坂を登った尾根からは、賀茂川と市街地が望めるビューポイント（450m）がある。

　峠では南から二本の作業林道が合流しており、トレイルコースは西向きの林道を直進してスギ林を抜ける。

　寺山への分岐である㊿から西南方向へ緩やかに曲がり、鹿除けネットの出入口から南の民家に出ると㊽が立つ。ここからは、氷室の舗装道路歩きだ。田圃や手入れされた北山杉が美しい。秋には道路脇にコスモスやケイトウの花が咲き、北側の鹿除けネットの向うは、カキの木やヒガンバナで彩られる。

　やがて、正面に地蔵が祀られた辻に氷室▶137頁㊿が見える。トレイルコースは、美しい里山景観を保つ氷室の生活エリアを通らせていただいており、住民の姿を見かけた時は挨拶して感謝の気持ちを伝えよう。

　また、防犯や害獣対策の観点から、日没後の氷室地域の通過は慎みたい。

　この辻には「←約２km 山の家 はせがわ」の表示板がある。車道をまっすぐ進むと氷室神社参道の入口に着き、一息入れるのによい。参道の奥に京都府登録文化財指定の拝殿が上屋に覆われている。

　車道を南へ進んだ㊻では、船山（317m）に続く左斜めの道をやり過ごしてそのままを直進する。標高差60mの坂を急がずゆっくり登ろう。また、カーブでの通行車両にも注意しよう。

　配水池を越えると、かつて堂ノ庭城があった城山▶137頁（479.6m）の下の峠に着く。無線中継塔を過ぎると徐々に傾斜が増し、急勾配を下りきると氷室口㊼のT字路（「氷室分れ」）となる。

　ここから京見山荘前分岐⑩までは、❶西回りと❷南回りの二つにコースが分れる。

小峠から寺山に登る尾根の標高450m地点に、賀茂川から東山方面を眺められるビューポイントがある。急坂だが、往復するだけの価値はある（片道約10分）。

満樹峠 Manju-toge Pass

道路の幅員狭く歩行注意

雲ヶ畑街道

鞍馬街道

No sidewalk- Be careful of traffic!

Kumogahata (Prefectural road 61)

盗人谷三の橋

盗人谷二の橋
（迂回路あり）

60

59

盗人谷
Nusuttodani (Valley)

山幸橋

三宝橋
Sankobashi Bridge

△ 503
寺 山
Mt. Terayama

ビューポイント

61

57

氷室跡

氷室
Himuro

63

62

64

ゲート

65

小峠 Ko-toge Pass

盗人谷一の橋

1:30
0:55

58

氷室神社
Himuro Jinja Shrine

作業林道

盗人谷一帯は台風と降雪による倒木がはなはだしい。トレイルコースは通れるように処理されているが、慎重に歩こう。

北 区
Kita Ward

66

市
y

ama
(Ruins)
山

6

1:50
0:40

西賀茂
Nishigamo

高橋

高橋南

賀

茂

川

トイレ

分れ
i / Himurowakare (Junction)

N

1:15,000
《地図の等高線は50m間隔》

0   250   500   750m

西賀茂車庫前
Nishigamo Shako-mae
(Bus Stop)

北山西部コース1

❷ 南方向のコースを進むと、府道31号のすぐ東側に池があり、ツバキ・カシ・モミジのほかヒノキに囲まれた京見峠▶137頁を越える。明るくなった空に峠らしいが展望はない。

さらに下ると、スギ林が伐採されたカーブで一気に眺望が広がる。かつて若狭方面から上洛した人々が、最初に京の街を見下ろしたであろう景色がこのコースの魅力である。山側に京見峠登り口❻❽がある。

そのまま100m下れば、京見峠茶家（跡）の建物と京見峠の案内板がある。古くからの街道である長坂を下ると、途中に地蔵菩薩と不動岩を見て千束▶138頁に着く。紙屋川沿いに下り、左手の急坂を鷹峯の台地に上がって光悦寺や源光庵の前を通ると、三叉路の先に市バス鷹峯源光庵前バス停がある。なお、急な車道の分岐から50mほど右手へ行った先に、「長坂古道」として整備されたルートがある。折返して登るため歩きやすい。

長坂越の道

氷室跡を示す標石

氷室

エメラルドグリーンに輝く沢ノ池

沢ノ池の美しい自然にひたる

北山西部コース2

［標識＝ 68 〜 87］ 京見峠登り口〜高雄白雲橋

距離＝ 9.9km（長坂越を含む）
標準コースタイム＝→ 4:50（長坂越を含む）
コースレベル＝▲▲△
公式ガイドマップ＝「北山（西部）」
1:25,000 地形図＝「周山」「京都西北部」

アクセス：
起点
　市バス「鷹峯源光庵前」バス停⇨北山68
終点
　西日本JRバス「栂ノ尾」バス停⇨北山87
　市バス「栂ノ尾」バス停⇨北山87

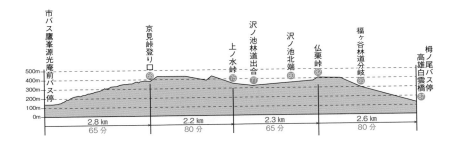

市バス鷹峯源光庵前バス停から、長坂越の車道を京見峠登り口標識北山⑱（以下番号のみで表記）まで登る。ここから、車道を離れて北西方向へ斜面の山道を登る。

滑りやすい岩盤の急な坂を登りきって尾根道を西へ進むと、南方向が開けてベンチのある⑲に着く。沢山（515.6m）・吉兆寺山（460m）・桃山（466m）や京都市街を眺めてから、ほぼ水平に西へ進むと京見山荘の建つ⑳に着く。

もうひとつの氷室口㊳のT字路（「氷室分れ」）からの❶西回りのコースは、道路の両側に植えられた造園用の樹木の新緑や紅葉から始まる。やがて北西方向へ進み、左手に「若狭街道古道」の丸太と地蔵尊の祠を見ながら府道31号を緩やかに下る。左手に看板が見えると、山の家はせがわ（レストラン）

京見峠の茶家（跡）

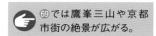

⑲では鷹峯三山や京都市街の絶景が広がる。

京見山荘近くから京都市街を見下ろす

の入口にが立つ。

ログハウスのオシャレな建物に向けて駐車場への道を入る。奥のログハウス2階にトイレ（募金箱を設置）があり、トレイル利用者も使用できるので店員さんを見かけたらひとこと挨拶しよう。

駐車場奥の 67-3 からは南方向への林道に入る。スギ林の沢に沿って進み、京見山荘（ログハウス）が見える坂道を上がると 70 のT字路に出て、❷南回りコースと合流する。南方向には、林間から京都の市街地が見える。

ログハウス前の林道を西方向へ上がり、100m先の 71 からは林道を離れて南方向（左）へ斜面の小径に入る。細いトラバース道を慎重に進むと尾根道になり、マツ林の中を南方へ進むと 72 が立つ。

いったん、73 のコル（鞍部）へ下り、脇道に入らないよう直進して、付近の最高地点である 74 のピークを越える。南西に向きを変えた尾根道をなだらかに下り、マツ林の坂道では急勾配となって、やがて 75 へ降りる。

なお、マツタケ山となる9月25日から11月10日

山の家はせがわ

👉「京の七口」のひとつ、長坂口から丹波、若狭に続く街道は長坂越と呼ばれ、周山街道が整備された現在もよく利用される。その旧道を鷹峯から千束に下り、京見峠に向かう道はなつかしい街道風景が展開する。不動岩・京見峠茶家・島岡剣石（詩人）の歌碑など、見どころも多い。

西側から見た上ノ水峠 75 （コースは左の尾根から降りてきて手前へ。向こうより千束からの道が合流する）

島岡剣石の歌碑

標識⑰のある三叉路

までは、❶コースの⑥⑦-3からと❷コースの⑱から上
ノ水峠⑦までの区間が通行できない。そのためマツ
タケシーズンは、市バス鷹峯源光庵前バス停から紙
屋川沿いの東海自然歩道で上ノ水峠を越えることに
なる。付近は、2018年の豪雨による斜面の崩落で、
コースの一部が変更された（⑦〜⑦）。峠から西へ<u>菩</u>
<u>提の滝▶138頁</u>方面に進み、菩提川を遡ってきた沢ノ
池林道と出合う地点（⑦）で左折（上流方向）する
と⑦に行ける。林道をそのまま下れば菩提道バス停
へつながり、周山街道（国道162号）の中川へ出ら
れる。

　トレイル案内板と⑦を確認したら、簡易舗装の林
道を南方向へ1.5kmの<u>沢ノ池▶138頁</u>に向けて進む。な
お、⑦から二体ある地蔵尊へは通行できるため、沢
山には登れる。

　西側に平行している菩提川が同じ高さへ近づくと、
沢ノ池北端の⑱だ。南北に長い池の東岸に沿って広
い地道を200m進み、エメラルドグリーンの池の畔で
休憩しよう。

　緩やかな林道を南方向に400mで⑧がある。ここか
ら雑木林の急な山道を登ると、100mで仏栗峠（⑱）に

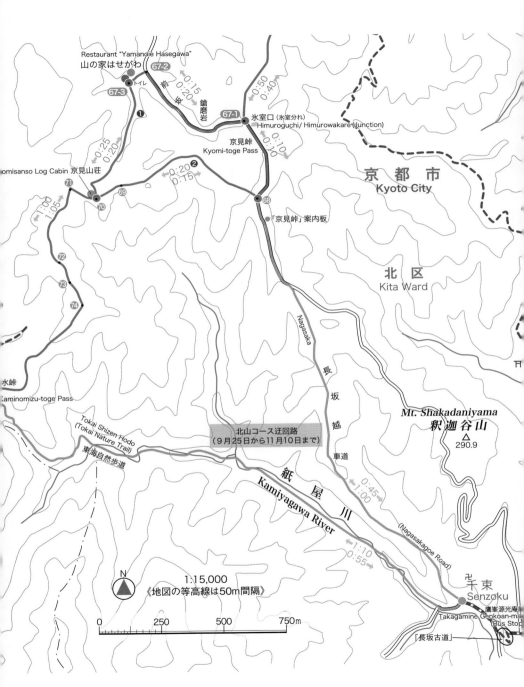

Restaurant "Yamanoie Hasegawa"
山の家はせがわ 67-2

67-3 トイレ

前坂 0:15
0:20
鎗磨岩

67-1 1

0:25
0:20

omisanso Log Cabin 京見山荘

71
69
70

72

73

74

1:00
1:05

水峠
Kaminomizu-toge Pass

Tokai Shizen Hodo
(Tokai Nature Trail)
東海自然歩道

京見峠
Kyomi-toge Pass

0:20 2
0:15

68
「京見峠」案内板

氷室口 (氷室分れ)
Himuroguchi/ Himurowakare (Junction)

0:50
0:40

0:10
0:10

京 都 市
Kyoto City

北 区
Kita Ward

Nagasaka 長坂越 車道

北山コース迂回路
（9月25日から11月10日まで）

紙 屋 川
Kamiyagawa River

Mt. Shakadaniyama
釈迦谷山
△
290.9

0:45
1:00

1:10
0:55

(Nagasakagoe Road)

卍東
Senzoku

鷹峯源光庵前
Takagamine Genkoan-mae
(Bus Stop)

「長坂古道」

N
1:15,000
《地図の等高線は50m間隔》

0   250   500   750m

結氷した沢ノ池

出る。

　鞍部の十字路で、北東の尾根道はすぐに沢山と桃山への道に分かれ、南の尾根道は白砂山（268m）から周山街道の三宝寺バス停へと通じている。

　トレイルコースは西へ水平に進む。㊸からは、南方向に宇多野・嵯峨・嵐山・小塩山の展望が開ける。

　アカマツと落葉広葉樹の平坦な道をさらに西進すると、300mでT字路に㊹が立つ。この辺りの私有林は、コース以外の林床への立入りを禁止する表示が目立つので注意したい。

　標識から直角に左へ曲がり、ミツバツツジの中を緩やかに下る。やがて、溝状の下りは傾斜が徐々に増して滑りやすい。標高差80mを降りきると、ひょっこり福ヶ谷林道に出る。

　㊺は、林道に二つの山道が合流する四差路だ。林道を30m登った山側（北）には水場もあり、絶好の休憩ポイントである。

　標識とその横に並ぶトレイル案内図で道の位置関係を確認し、そのまま林道を下る。

京都市
Kyoto City

毘沙門谷
Bishamondani (Valley)

沢ノ池林道

福ヶ谷林道では傾斜の
強い区間もあるので、足
元に注意したい。濡れや凍結・
積雪時は、とくに慎重に。

1:05
0:50

谷 Fukugatani (Valley)
o Forestry Road

福ヶ谷林道

沢山
Mt. Sawayama
515.6

80

←1:20
1:40→

86

水場

85

沢ノ池
Sawanoike (Pond)

84

84から85の間に岩のある
急坂が出てくる。慎重に
下ろう。

83

81

82 仏栗峠
Hotoguri-toge Pass

-toge Pass

右 京 区
Ukyo Ward

N
1:15,000
《地図の等高線は50m間隔》

0   250   500   750m

卍

三宝寺
Sanpoji
(Bus Stop)

79

北山杉の生産が盛んな福ヶ谷林道を西へ、白雲橋まで1.5kmを下る。谷の両側の急斜面には、北山磨き丸太となる木々の風景が連なる。簡易舗装の道を西へ400m下ると、福ヶ谷林道から北へ延びる支線との分岐に⑧が立つ。

この辺りから路面の傾斜が増してくるので、滑らないよう制御して歩こう。V字状の谷が一直線になると、愛宕山（924m）の三角点（889.8m）付近の稜線が正面に見える。

やがて、黒っぽい岩肌の向こうに白雲橋周辺の広葉樹の景観が広がる。目を凝らせば、谷を挟んだ北（右）側に、高山寺の茶園跡と慧友上人の石塔が見え隠れする。裏手に回ると、鷹司兼平の墓石もある。地元用の駐車場がある国道162号（周山街道）の手前に、白雲橋⑧が立つ。

トレイルコースは国道を南へ進むが、北側の朱色の欄干の脇に「宇治茶発祥の地」の石碑があり、橋を渡って国道を400m進めば栂尾の高山寺▶138頁観光駐車場（トイレあり）と西日本JRバス・市バス栂ノ尾バス停に至る。

北山杉の磨き丸太

鷹司兼平の墓石

清滝川の渓流から嵯峨・嵐山を訪ねる

山の中腹に建つ千光寺（大悲閣）と保津川

西山コース1 ［一部北山西部コースを含む］

［標識＝北山87〜西山21］ 高雄白雲橋〜嵐山渡月橋

距離＝ 10.3km
標準コースタイム＝→ 3：45
コースレベル＝▲▲△ （嵯峨・嵐山エリア▲△△）
公式ガイドマップ＝「北山（西部）」「西山」
1：25,000 地形図＝「京都西北部」

アクセス：
起点
　西日本JRバス「栂ノ尾」バス停⇨北山87
　市バス「栂ノ尾」バス停⇨北山87
終点
　阪急嵐山線「嵐山」駅⇦西山24
　京福電鉄(嵐電)嵐山線「嵐山」駅⇦西山15・21
　JR山陰本線「嵯峨嵐山」駅⇦西山15・21
　他に市バス・京都バスあり

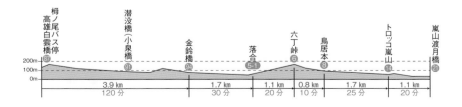

	3.9 km	1.7 km	1.1 km	0.8 km	1.7 km	1.1 km
	120 分	30 分	20 分	10 分	25 分	20 分

81

西山コース1 ［一部北山西部を含む］

西日本JRバス・市バス栂ノ尾バス停から、通行車両に注意して白雲橋に向かう。さらに国道を200m進むと槇ノ尾バス停に標識北山88（以下番号のみで表記）が立つ。この先、高雄神護寺▶138頁までは「タカオモミジ」の景色が四季それぞれに展開する。桜も美しい。

国道を離れ、曲線を描く車道を200m下ると西明寺▶138頁の入口となる指月橋。この付近から清滝まで、清滝川の渓谷（「錦雲渓▶138頁」）を歩く。

左岸を下ると、北側の谷山林道へ入る橋に89がある。指月橋を渡って西明寺を参拝した場合は、境内から右岸防災道路を下るとこの橋に出られる。

西明寺の裏山を見上げるとコバノミツバツツジが広がり、春は一面の鮮やかなピンクに驚かされる。

川に沿ってコースは大きく南に向きを変える。200m下ると「境内女人禁制」の石柱が立ち、朱色の高雄橋が架かる。周山街道の高雄バス停（西日本JRバス・市バス）から、坂道をこの橋へ直接下りてくることもできる。

高雄橋90は、橋を渡った神護寺参道の石段分岐にあり、清滝川右岸の料理旅館前を抜けると右手にトイレがある。

紅葉に覆われた地道を緩やかに下れば、200mで清滝橋に差しかかる。トレイル案内板があり、上流に

錦雲渓

西明寺裏山のツツジ

清滝川

取水堰堤が見えて、水路は清滝▶139頁の発電所へ主にトンネルで続く。下流右岸には豪快な岩壁が連続する。

橋を渡って幅が狭くなった左岸の道を進むと、左斜面にはトンネルの間の水路橋が見える。

まっすぐに整列する凛としたスギ林を抜け、そのまま100m下った所に潜没橋（小泉橋）❾❶がある。南方向への山道は、峠を越えて約3kmで大覚寺方面につながる（難路）。

橋を渡ると、桜が美しい錦雲渓広場で高雄橋から1.2kmの距離にあたる。次の休憩地である梨ノ木林道まで渓流沿いの岩場歩きが連続する。川の流れ、瑞々しい樹木、木漏れ日を楽しみながらも、露出した岩は慎重に見極めて歩こう。幅の広がったコンクリート道になっても、損壊している路面もあるので注意が必要だ。金属製の堂尻橋を渡ると、清滝川を離れて堂承川（堂尻川）右岸の坂道を遡る。

200mで❾❷が立ち、鋭角で左に折返すと梨ノ木林道に合流する。❾❸とトレイル案内板で、現在地を確認して汗をぬぐおう。

堂尻橋から登ってきた標高差20mを、ここからは清滝川に架かる金鈴橋へと700mかけて下る。

西側は山側斜面、東側は谷側斜面の林道は徐々に緩やかになり、金鈴橋右岸の❾❹に着く。ケーブル比叡駅標識❶から始まる**北山**（東部・西部）コースの終点である。

清滝はゲンジボタルが生息する京都の避暑地であり、火伏せの神「愛宕さん」（愛宕神社）▶139頁が鎮座する表参道の登山口でもある。標識横の石段やその上の広場（ケーブル駅舎跡）が休憩に適している。

橋の対岸（左岸）にある有料駐車場の下流30mにはトイレがあり、さらに車道（府道137号、清滝街道）を

導水路の水路橋

潜没橋（小泉橋）

落合

83

400m 上れば京都バス清滝バス停に行ける。

西山コース（10.7km）は、北山コース終点の94から渡猿橋標識西山❶へ清滝川右岸に続く。愛宕神社表参道の二ノ鳥居を右手に見て民家の間を抜ける。渡猿橋には、清滝バス停から左手の幅の狭い道路を下ると直接行くことも可能だ。

橋の袂から左岸の河原への石段を下ると、東側には与謝野晶子「ほととぎす　嵯峨へは一里　京へ三里　水の清滝夜の明けやすき」の歌碑。続いて松尾芭蕉「清滝や　波に散り込む　青松葉」の句碑が見える。青竜橋（蛍橋）に上がり、中央部から上流の紅葉を眺めると鮮やかだ。「金鈴峡」は清滝から落合 ▶139頁までの峡谷を指す。

❷から落合の潜没橋までは、愛宕山側の急斜面が続く右岸の狭い小径である。清滝川の地形に合わせて登り下りするが、渓谷美に癒やされる。

❸で明神谷に架かる橋を渡ると、濡れた岩肌は滑りやすく足元にも気をつけよう。少し緩やかになって、コンクリート道に変わると川幅が広くなり潜没橋が見えてくる。

❹は、川に沿ったトレイルコースから北西方向の水尾に続く「米買道」の分岐である。橋を左岸へ渡り、夏には水遊びで賑わう河原を越えて下流へ。坂道を上がると水尾へ向かう府道50号の車道に出る。落合⑤-1から道路を南に進むと落合橋が架かる。左岸の下流40mに清滝と同じ芭蕉の句碑がある。

南西に続く落合トンネルを抜けると保津川左岸に⑤-2があり、左へ鋭角に折返す水平道の突き当りが展望ポイントである。

書物岩を前景に小倉山（296m）や保津川の流れと保津川下りの船、観光トロッコ列車の汽笛など、楽しさが凝縮されている。清滝川が保津川に合流する

谷山川

櫪尾
Makino-o

白雲橋
Hakuunbashi Bridge

福ヶ谷

福ヶ谷林道

Saimyoji Temple
西明寺卍

89

指月橋

88

(Bus Stop)

歩道なし
通行注意
No sidewalk—
Be careful of traffic!

錦雲渓広場と堂尻橋の
間が、もっとも渓流らしい
景観。岩場の通過は慎重に。

Takao (Bus Stop)
高雄
Takao

Shigetsukyo Bridge

(Bus Stop)

90

高雄橋
Takaobashi Bridge

神護寺卍
Jingoji Temple

卍

トイレ

嵐山高雄パークウェイ

周山街道
Shuzan Kaido Ave.

卍

Kiyotakibashi Bridge
清滝橋

←2:00
2:20

御経坂峠
Mikyozaka-
toge Pass

(National Route 162)

卍

Kin-un-kei Gorge
錦雲渓

Kiyotakigawa River

梅ヶ畑
Umegahata

潜没橋（小泉橋）
溪広場   Koizumibashi Bridge
Hiroba   91

嵐山高雄パークウェイ

Arashiyama Takao Parkway

京都市
Kyoto City

右京区
Ukyo Ward

菖蒲谷池
Shobudani-ike
(Pond)

kyo Bridge

N

1:15,000
《地図の等高線は50m間隔》

0   250   500   750m

西山コース1〔一部北山西部を含む〕

河原への往復も、足元に注意すればできる。トンネルと橋を経て5-1に戻ったら、くねくねとした車道の登りになる。

カーブの先などで保津峡上流のトロッコ保津峡駅や下流の鉄橋を見下ろして、呼吸を整えながら通行車両に注意して約1.1kmを歩き続ける。

六丁峠▶139頁6は峠の最高地点から30m手前の谷側にあり、小倉山へと続く山道（急斜面のトラバースが続き危険）との分岐である。車道の上方を横断している嵐山高雄パークウェイの橋を潜ると、鳥居本▶139頁までは800mの距離だ。

下り坂は北に折れて、つづいて右への急カーブ。7は、嵯峨天皇皇后嵯峨陵登拝路との分岐に立つ。昼なお薄暗いアスファルト道をさらに下ると、8が立つ鳥居本の三叉路だ。愛宕神社一ノ鳥居脇に建つ鮎茶屋「平野屋」と「鮎の宿　つたや」の重厚な茅葺きの佇まいが好ましい。

鳥居本から24までは、京都有数の観光地で知られる嵯峨・嵐山区域に入る。

鳥居本伝統的建造物群保存地区の旧愛宕街道を東へ緩やかに下り、京都市嵯峨鳥居本町並み保存館と化野念仏寺▶139頁を越えて進むと、地蔵の辻に立つ三叉路9と出合う。直進する大覚寺方面には行かず南方向へと足を進め、祇王寺・滝口寺の入口から東へ進んだ三叉路に10が立つ。

南進して突き当たり、鍵型クランクの11から南にいくと二尊院▶140頁の前に出る。南へ100mの敬神の森の前にある嵯峨落柿舎▶140頁北公衆便所は、周囲の風情によく合っている。近くには向井去来の墓がある。

南へ100mで林を抜け、東側の小豆畑「小倉餡発祥地」を越えた三叉路の12を西へ曲がる。

> ⚠ 嵯峨・嵐山区域はトレイルコースではあるものの、多くの観光客で溢れるエリアであり、危害防止のためにストック（トレッキングポール）はザックに収納しよう。人々の流れに合わせて、歩行速度もモード変更したい。

郵 便 は が き

606-8161

京都市左京区
　一乗寺木ノ本町 15

ナカニシヤ出版
　愛読者カード係 行

■ ご注文書 （小社刊行物のご注文にご利用ください）

書　　名	本体価格	冊 数

ご購入方法 （A・B どちらかをお選びください）
A. 裏面のご住所へ送付（代金引換手数料・送料をご負担ください）
B. 下記ご指定の書店で受け取り（入荷連絡が書店からあります）

市	町		書店
区	村		店

愛読者カード

今後の企画の参考、書籍案内に利用させていただきます。ご意見・ご感想は
匿名にて、小社サイトなどの宣伝媒体に掲載させていただくことがあります。

お買い上げの書名

（ふりがな） お名前	（　　歳）

ご住所　〒　　　　ー

電話　　　　（　　　　）	ご職業

Eメール　　　　　　　　　＠

■ お買い上げ書店名

市　　　町　　　　　　　　ネット書店名
区　　　村　　　　書店・（　　　　　　　　　　）

■ 本書を何でお知りになりましたか

1. 書店で見て　2. 広告（　　　　　　　）　3. 書評（　　　　　　）
4. 人から聞いて　5. 図書目録　6. ダイレクトメール　7. SNS
8. その他（　　　　　　　　　　　　　　　　　　　　　　　）

■ お買い求めの動機

1. テーマへの興味　2. 執筆者への関心　3. 教養・趣味として
4. 講義のテキストとして　5. その他（　　　　　　　　　　）

■ 本書に対するご意見・ご感想

金鈴橋
トイレ
橋
1

金

試峠
トイレ

③と④の間が、広めの明るい廊下状ですばらしいが、岩場の通過に注意しよう。②と③の中間にも岩場がある。

N

1:15,000
《地図の等高線は50m間隔》

0　250　500　750m

天皇皇后嵯峨陵
kougou Saga-ryo

愛宕念仏寺 卍
Otagi Nenbutsuji Temple

e Pass
7

Saga-Toriimoto Machinami Hozonkan
(Kyoto Saga Toriimoto Town Street Preservation House)

嵯峨鳥居本町並み保存館

Arisugawa River 有栖川

北嵯峨
Kitasag

大覚寺 卍

大沢池
Daikakuji Temple

 yama Takao Parkway
嵐山高雄パークウェイ

0:10
0:15

一ノ鳥居
Ichino-Torii

鳥居本
Toriimoto
8

送り火「鳥居形」
Toriigata (Send-off Bonfire Toriigata)

化野念仏寺 Adashino-Nenbutsuji Temple

0:25
0:30

9

嵯峨
Saga

大覚寺門前
Daikakuji-Monze

小倉山
Mt. Ogurayama
△ 296

小倉山トンネル
Ogurayama Tunnel

祇王寺/滝口寺
Gioji Temple/ Takiguchidera Temple

二尊院門前
10

二尊院
Nison-in Temple
11

トイレ

落柿舎
Rakushisha

常寂光寺
Jojyakukoji Temple

13 12

Sagano Scenic railway

峡

桂

Oguraike
(Pond) 小倉池

御髪神社
Mikami Jinja Shrine
14

山陰本線

野宮神社
Nonomiya Jinja Shrine

京福嵐山本

トロッコ嵐山
Torokko-Arashiyama Sta.
15

①
0:20
0:25

長辻通
Nagatsuji Dori St.

Torokko-Sag Sta.

千光寺
(大悲閣)
Senkoji Temple
(Daihikaku)

大河内山荘
Okochisanso Villa

16

展望台
Lookout
17

嵐山公園
(亀山地区)
Arashiyama Park
(Kameyama Zone)

天龍寺
Tenryuji Temple

② トイレ

18

19
20

Katsuragawa River 桂川

21

渡月橋
Togetsukyo Bridge

嵐山駅
Arashiyama Sta.
Rinsenji Temple
臨川寺

0:20
0:25

嵐山公園
(中之島地

22

23

京都市
Kyoto City

突き当たりは常寂光寺▶140頁入口の⑬。ここから南へ向かう細い散歩道は直線で200m以上続き、西側には小倉池と御髪神社が見える。突き当たりのトロッコ嵐山駅前に⑭があり、南に見える竹林へ坂道を上がる。

トロッコ嵐山駅とJR山陰本線（嵯峨野線）を見下ろすように進み、西側の大河内山荘▶140頁入口を越えれば⑮がある竹林の中の大きな三叉路である。

ここから桂川に架かる渡月橋北詰西の㉑までは、❶東回りと❷南回りの二つにコースが分かれる。

❶ 東回りのコースは、観光スポットである「竹林の小径」が見どころ。天龍寺▶140頁北門から野宮神社▶140頁を経て長辻通（府道29号）に出る。直線の道路を南へ500m行くと天龍寺の入口である。左手に嵐電（京福電鉄）嵐山駅を見て渡月橋に至る。

鳥居本（愛宕神社一ノ鳥居）

❷ 南回りのコースは、亀山公園展望台から見下ろす保津川の絶景が見どころ。竹林の三叉路を南へ直進して100mの⑯から亀山公園▶140頁に入り、南西方向へと散策路を100m上がれば展望台に達する。千光寺（大悲閣）や小倉山、見下ろせば保津川渓谷の景色が素晴らしい。

公園の散策路を東へ下り、⑰からさらに東へと階段状の道を下っていく。⑱を越えるとトイレがあり、⑲を過ぎると公園登り口の⑳に着く。

公園内の散策路は、百人一首が刻まれた自然石（49箇所）・天皇火葬陵・津崎村岡局の像・水運の父＝角倉了以像・周恩来の碑など、多くの見どころがある。⑰・⑱・⑲にかかわらず、保津川方向に下れば⑳へと繋がる。保津川左岸の道路を東へ下るとトイレがあり、保津川下りの下船場や料亭前を進めば渡月橋▶140頁㉑のある渡月橋北詰が見えてくる。ここからは多くの交通機関が通じている。

野宮の竹林

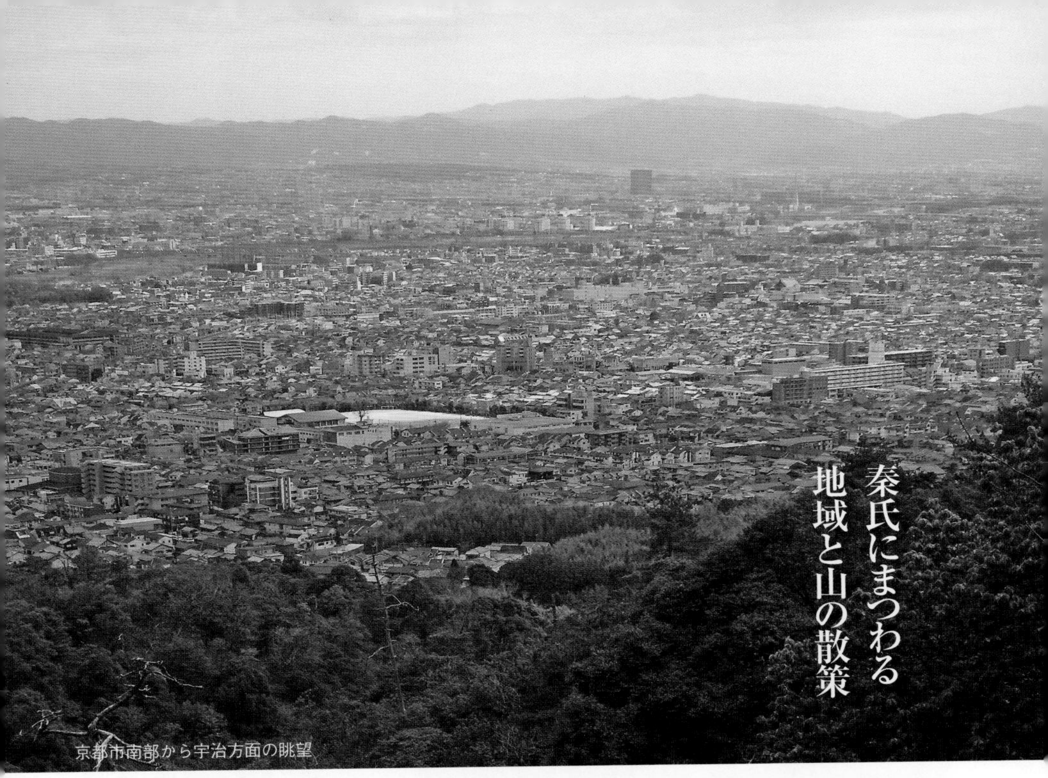

秦氏にまつわる地域と山の散策

京都市南部から宇治方面の眺望

西山コース２

［標識＝ 21 ～ 51］ 嵐山渡月橋～苔寺谷

距離＝ 3.8㎞ （～標識(51)）
標準コースタイム＝→ 1：25 （～標識(51)）
コースレベル＝▲△△
公式ガイドマップ＝ 「西山」
1:25,000 地形図＝「京都西北部」

アクセス：

起点
阪急嵐山線 「嵐山」駅⇨西山㉔
京福電鉄(嵐電)嵐山線「嵐山」駅⇨西山⑮・㉑
JR山陰本線「嵯峨嵐山」駅⇨西山⑮・㉑
他に市バス・京都バスあり

終点
京都バス「苔寺・すず虫寺」バス停⇦西山(51)
阪急嵐山線 「上桂」駅⇦西山(51)
阪急嵐山線 「松尾大社」駅⇦西山(51)

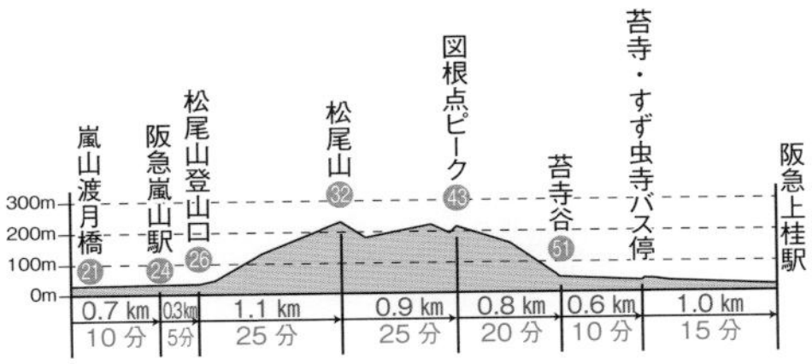

渡月橋を南へ渡ったところが中之島公園で、公園内にはトイレが4箇所ある。なお、渡月小橋を渡った先から上部の多宝塔を目指して石段を上ると、十三まいりで有名な法輪寺がある。舞台では、渡月橋や雙ヶ岡（双ヶ丘）の展望に恵まれる。

標識西山22（以下番号のみで表記）から公園内を東へ進み、23から太鼓橋の中ノ島橋を渡って南東方向へ直進する。堤防道路を越えると下り坂になって阪急嵐山駅前広場の24に着く。広場手前の道路を右折すれば、秦氏に関係する「一ノ井堰」碑が南側に立ち、二本の川が南へ流れる。

阪急嵐山駅前の道を南西に進み、松尾街道（物集女街道）を越えて突き当たり（25）の旧松尾街道を左折する。西側に駐車場を見て40m行くと、26があって松尾山の登山口を示している。

コース途中にトイレがないので、出発前に済ませておこう。

一ノ井堰の碑

ツツジの花を愛でながら松尾山に向かう（33付近）

まず、<u>松尾山</u>▶141頁（275.6m）三角点㉟まで1.1kmの登り坂だが、観光モードでいるとなかなか苦しい。両側がフェンスの細い道は竹林に入る。㉗を経て、南へ向きを変えると㉘がある。この竹林は民家のすぐ裏だが、シカやサルを見かけることもある。

右へ鋭角に折返し西への坂道を辿る。左へカーブすると㉙。西方向は嵐山モンキーパークいわたやまの職員専用道が分かれる。進路は南に変わり、落葉広葉樹林の尾根道はなだらかになっていく。

細かな小径との分岐を示す㉚と㉛を過ぎれば四つ辻㉜に着く。トレイルの案内板もあるので、松尾山山頂へのループ状のコースを確認したい。

標識番号に沿って反時計回りで進んでみよう。西へのトラバース道を200m進むと㉝の分岐となるが、すぐ手前にある展望所からは北嵯峨方面や嵐山モン

㉝の北側にビューポイントがあり、眼下に渡月橋が見える。愛宕山をはじめ周囲も一望できる。松尾山の頂上も北東方向が開かれ、比叡山が眺められる。

東西二つの一ノ井川が並行して流れる

松尾山近くから愛宕山（左）を見上げる（前景右下は岩田山の嵐山モンキーパークいわたやま）

西山コース2

キーパーク・渡月橋が眼下に見える。

㉝から尾根を西へ向かうと嵐山城趾へ行くことができる。ただ、地形が複雑なため安易に踏み込まないこと。これまでに何件もの遭難事故が起こっている。標識を左折して南東方向へ向かい、㉞を経て松尾山山頂の㉟に着く。

三角点からは、東方向に開かれた市街地の展望がよい。南方向となる下山道では、㊱と㊲の分岐に注意し、北東に向きを変えて下ると四つ辻にある㉜に戻ることができる。

次の㊳までの200mは急坂なので、転倒防止に注意を払おう。東西に交差する小径は無視して南進を続ける。緩やかな登り降りのほぼ平坦な尾根道を進み、㊴も直進する。

㊵・㊶もほぼ直線的に進む。コース上にある小さな

松尾山の古墳

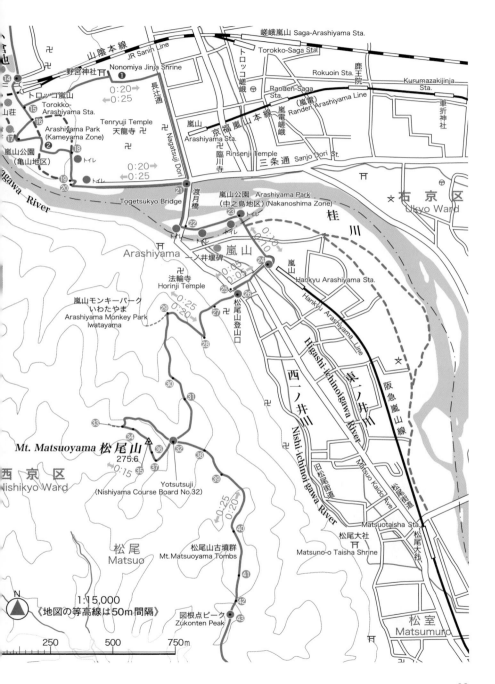

嵯峨嵐山 Saga-Arashiyama Sta.

山陰本線 JR Sanin Line

トロッコ嵯峨 Torokko-Saga Sta.

野宮神社 Nonomiya Jinja Shrine ❶

鹿王院 Rokuoin Sta.

車折神社 Kurumazakijinja Sta.

トロッコ嵐山 Torokko-Arashiyama Sta.

0:20
←0:25

長辻通 Nagatsuji Dori

嵐電嵯峨 Randen-Saga Sta.

嵐電 Randen Arashiyama Line

車折神社

Arashiyama Park (Kameyama Zone) 天龍寺 Tenryuji Temple ❷

嵐山 Arashiyama Sta.

京福嵐山本線

臨川寺 Rinsenji Temple

三条通 Sanjo Dori St.

右京区 Ukyo Ward

トイレ

0:20
←0:25

嵐山公園 (亀山地区) Arashiyama Park (Kameyama Zone)

トイレ

桂川

渡月橋 Togetsukyo Bridge

嵐山公園 (中之島地区) Arashiyama Park (Nakanoshima Zone) ❷❸

トイレ

0:10

Arashiyama 嵐山

トイレ

トイレ

一ノ井堰碑 ❷❹

法輪寺 Horinji Temple

0:05
0:05

嵐山 Hankyu Arashiyama Sta.

嵐山モンキーパーク いわたやま Arashiyama Monkey Park Iwatayama

0:25
0:20

❷❺ ❷❻

松尾山登山口 ❷❼

Hankyu Arashiyama Line 阪急嵐山線

❷❾

❷❽

東一ノ井川 Higashi-ichinoigawa River

西一ノ井川 Nishi-ichinoigawa River

❸⓪

❸①

Mt. Matsuoyama 松尾山
275.6

❸❸

❸❹

❸❻ ❸②

❸❽

松尾街道 Matsuo Kaido Ave.

旧松尾街道

西京区 Nishikyo Ward

0:15

❸❺ ❸⑦

Yotsutsuji (Nishiyama Course Board No.32)

❸❾

Matsuotaisha Sta. 松尾大社

松尾 Matsuo

0:25
0:20

松尾山古墳群 Mt.Matsuoyama Tombs

松尾大社 Matsuno-o Taisha Shrine

松尾大社

❹⓪

松室 Matsumuro

❹①

N

1:15,000
《地図の等高線は50m間隔》

❹②

図根点ピーク Zukonten Peak

❹③

250   500   750m

ピークには、松尾山古墳群の一部とみられる石組みが見られる。神体山なので、付近の樹林には巨樹が混じる。

㊷へ下ってから急な坂を登り返すと、図根点ピーク▶141頁㊸に着く。傍にあるその標石は黄色に塗られている。

ここから苔寺谷㊿までは、800mの下り。展望所からの景色も京都市南部へと移る。南方向の正面には、唐櫃越▶141頁と呼ばれる東西の尾根が横たわる。

変則十字路の㊹を直進し、少し登った小丘の㊺を越えると急な坂が待つ。連続で設置される標識㊻・㊼・㊽・㊾は、進むにつれて勾配が増してくる。竹林の中の階段や通路を忠実に辿る。

㊿を右折すると下の林道が見え、西山コース終点の㊿で苔寺谷へ降り立つ。

鉄製階段で西芳寺▶141頁川に降りて右岸へ渡れば、上流方向への山道を上がって唐櫃越の尾根にある「丁塚」へ行くこともできる（距離＝800m）。

帰路は西芳寺川に沿って下流（東）へ。地道からやがて舗装道路となる右岸を、600mで京都バス苔寺・すず虫寺バス停に着く。

阪急上桂駅は松尾の住宅地を東へ1kmの地点にある。バス停の端から階段を南へ上がれば、竹の寺と呼ば

㉜から㊳を経て㊺まで、何度も登り下りを繰り返す。呼吸が乱れないペースで歩きたい。

竹林に続く苔寺谷への道

94

れる地蔵院▶141頁の門前を経て唐櫃越に出ることも可能だ。駅はその道を東へ下る。

あるいは、華厳寺（鈴虫寺）の前から東海自然歩道を、造り酒屋の神として知られる松尾大社へ向かうこともできる。途中には月読尊を祀る月読神社が山裾に鎮座する。阪急松尾大社駅は、参道を東に行った松尾街道（物集女街道）の向こう側にある（距離＝1.3km）。

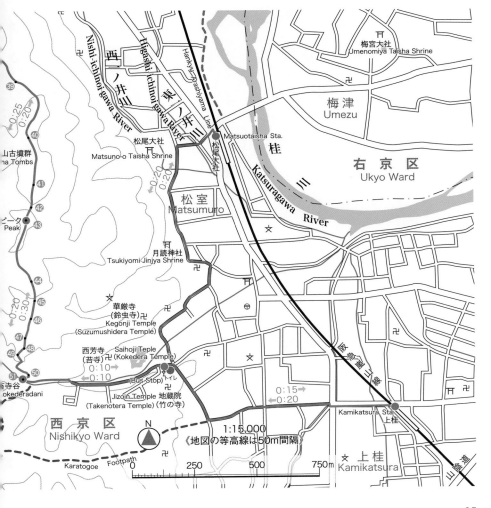

西山コース2

滝又の滝から城丹国境尾根を越える

D3 南方からの展望（南方向）

京北コース1

［標識＝1〜26］細野〜亀ノ甲橋

距離＝12.1km
標準コースタイム＝→ 4:55
（天童山往復＝3.2km → 1:00 ← 0:40）
コースレベル＝▲▲△
公式ガイドマップ＝「京北」
1:25,000 地形図＝「周山」「上弓削」

アクセス：
起点
　西日本 JR バス「細野口」バス停⇨京北❶
終点
　京北ふるさとバス「最玄寺」バス停⇦京北㉖

＊マイカーの場合、京都市内から国道162号（周山街道）で周山まで約30km、約50分。ウッディー京北の駐車場に駐車し、京北合同庁舎前から京北ふるさとバスを利用することで全コースを踏破できる（ただし、路線によって京北合同庁舎前に寄らない便があるため要注意。始発はすべて周山）。
＊周山タクシー（西日本 JR バス「周山」駅に隣接）Tel.075-852-0109

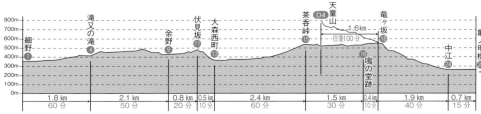

京北ふるさとバス最玄寺バス停まで2分

上桂川を遡る

掛尾峠への道

京北コース2

［標識＝ 26 〜 K19］ 亀ノ甲橋〜おーらい黒田屋

距離＝ 8.2km
標準コースタイム＝→ 3:10
コースレベル＝ ▲△△
公式ガイドマップ＝「京北」
1:25,000 地形図＝「周山」「京都西北部」

アクセス：
起点
　京北ふるさとバス「最玄寺」バス停⇨京北 26
終点
　京北ふるさとバス「宮」バス停⇦京北 K19

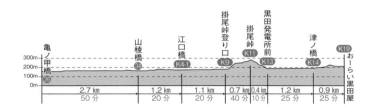

　京北コース（49.1㎞）は、そのほとんどが京都丹波高原国定公園内に設定されている。また、車道の多くは、ツーリング自転車でも賑わう。

　京北コースの起点・終点標識京北❶（以下番号のみで表記）は元細野小学校正門にあり、旧周山街道▶141頁から西に延びる府道363号の三叉路交差点東側にあたる。現在の国道162号と旧街道が合流する細野口交差点からは、西へ旧街道を入った500m先だ。細野口交差点の南東40mに北山杉でできた国定公園の休憩施設があり、その横に西日本JRバスの細野口バス停の標識がある。

　❶から元細野小学校の敷地に入り、校舎と北側斜面との間を東へと進むと、右手に京都市グリーンプール（トイレあり）がある。舗装道路をさらに東進すれば、前方に国道の京北トンネル入口が見える。斜め右に下り国道の下をくぐって新屋根橋を渡ると、三叉路の林道入口に❷が立つ。

　この林道入口には、バス停がある現在の細野交差点から北へ集落を抜ける道路で行くこともできる。

　三叉路から北東方向へ簡易舗装の林道に入ると、主としてスギ林となる。200mで橋を渡って右岸沿いに進み、さらに200mで「滝又の滝」の案内看板がある❸に至る。

　北への林道から離れ、山田谷川に架かる橋を渡って東へ轟谷沿いの山道に入る。次の❸-❶まで500mあり、中間に架かる赤い鉄橋で左岸へ渡る。

　北に向きが変わり、狭くなった沢の徒渉と木板の橋を経て右岸を東へ進む。ここに「滝又の石佛」と表示した5m高の凱旋門型石門が建つ。石畳の歩道

細野口バス停横に設置されている「京都丹波高原国定公園」の解説看板

轟谷入口に架かる橋

山田谷川 Yamadadanigawa River

余野 Yono

0:20
0:15

10

6

7

7-1

7-2

8

9

トイレ

Kuzu Jinja Shrine
九頭神社

雲月坂
Ungetsuzaka Footpath

0:50
0:45

5-4

5-3

轟谷沿いのコースは、何度も流れを渡る。増水時や流木には注意して歩こう。

4-1

5

4

5-2

5-1

滝又の石仏

轟谷
Todorokidani
(Valley)

3-2

3-1

滝又の滝
Takimatanotaki Waterfall

岩屋 Iwaya (cave)
(Jikkai-inga-koji)

右京区
Ukyo Ward

余野川 Yonogawa River

赤い鉄橋

00➡
50

赤い鉄橋

標石を見落とさないように注意。

Yonogawa River

北区
Kita Ward

（国道162号）

滝
Taki

笠トンネル
Shuzan Kaido Ave. (National Route 162)

トレイルの京北コースでは植林地や草むらには、冬期を除いてマダニやヤマヒルが生息している。頻繁に着衣をチェックしよう。

N

1:15,000
《地図の等高線は50m間隔》

0   250   500   750m

を進むと、北側斜面の石窟の中に収められた帝釈天・文殊菩薩から石仏巡りがはじまる。

広目天を過ぎたあたりで、石畳の幅が広くなった右の路肩に標石があり、歩道の北方向へは「石仏群から北門　奥の院へ」。南側の川へ斜めに下りていく小径方向は「滝又の滝へ」と案内している。

並んで立つ3-2から小径を川に下り、木でつくられた橋を渡って東方向へ沢筋を進むとスギ林が広葉樹林に変化する。「織田信長□□十界因果和尚　修練場八畳」の白い標柱から左岸を上がると、上部に十界因果居士が隠れ住んだとされる岩屋▶141頁がある。

標柱に戻って北面の大きな岩を見上げて徒渉すると、沢は傾斜を増してナメ滝となり小径は一段と細くなる。覆い被さる大きな岩の真下に、滝又の滝▶142頁4と「滝又の滝」の駒札がある。

真冬には、岩肌の苔から滴る水が凍りつき迫力のある大きなつららができる。さらに沢を辿る30m先で、落差20mほどの滝が全容を表わす。

4に戻り、右岸西向きから始まる階段状の小径で斜面を折返しながら高巻きし、岩の上から滝の上流に出ると4-1がある。

100m先で丸太橋を渡れば、北から伸びてきた林道の終点だ。丸太橋5から左岸のなだらかな林道を東へ100m進み、南への林道支線分岐に5-1が立つ。北山杉の生産地だけに、林道の支線が多い。標識をしっかり確認しよう。

北に向きを変えて100m進むと、東への林道支線分岐5-2が続き、直進で林道を200m北進すると、西への林道支線分岐5-3がある。

さらに100m直進して東への林道支線分岐5-4を過ごし、緩やかに林道を400m上がって林道T字路6を東にとる。200mの緩い坂を登りきると、南と北へ連

滝又の滝

九頭神社

余野

続する林道支線の峠の分岐 **7** が立つ。

　緩やかな下りを200mで北斜めに伸びる林道支線分岐 **7-1** があり、20m先で南西へ深く右折して下れば、次は東へ深く左折するカーブに **7-2** が立つ。

　100m 東の小さいカーブからは<u>余野▶142頁</u>の集落が開けてきて、坂を下り切った三叉路に **8** が見える。山裾を南へ上る道は、50mで九頭神社<small>くず</small>の境内となる。彫刻の社殿は京都市の登録文化財だ。

　8 からは、害獣フェンスを越えて余野川<small>よ</small>と田畑を通り抜け、100m 直進して市道に上がる。**9** は余野の中心にあり、40m 南に余野公民館（トイレあり）が建つ。

　落ち着いた里山の田園風景に囲まれ、南北に延びる車道を北へ直進する。手入れの行き届いたスギ林を眺めつつ、500m で右斜めに上がる林道入口に **10** があり、市道を離れて坂道を登る。

　伏見坂<small>ふしみざか</small>の峠まで、林道400m の間は細かく支線が分かれており、連続する **10-1**・**10-2**・**10-3** を直進する。

　迷いやすい **10-4** は要注意。右に曲がらずにまっすぐ峠の方向へ狭い道を進む。50mを上がりきれば伏見坂 **11** に着く。

　峠を越えると、少し狭くなったトレイルは東へ向きを変え、鋭い折返しを数回繰り返して斜面を下る。斜め分

1:15,000
《地図の等高線は50m間隔》
0　　　250　　　500　　　750m

10-4 で林道を離れ、山道に進む。前後は分岐する道が多いので、補助標識で進む方向を確認しよう。

京都市
Kyoto City

西ノ谷川

Nishinotani River

大森
Omori

Nishicho
西町

トイレ
トイレ

Yonogawa River

伏見坂
Fushimizaka
Footpath

Nakacho
中町

Yono
余野

余野公民館
トイレ

北 区
Kita Ward

余野川

九頭神社

雲月坂
Ungetsuzaka Footpath

Kiyotakigawa River

京北コース 1

岐の⓫-1を直進し、左カーブの⓬からは直線の緩やか
な下り坂となる。100m先の地蔵二体からはコンクリー
ト道となり、右にカーブすると大森の景色が広がる。

　両側に民家が並ぶ坂道からは、飯森山（791m）の
稜線に建つ反射板や城丹国境尾根が見える。坂道を
降りきったT字路の電柱に⓬-1があり、右折して30m
で大森▶142頁西町⓭に着く。ここから茶呑峠▶142頁
を越えて中江に到る道は、かつて京の都と若狭小浜を
結んだ鯖街道の一つで、「西の鯖街道」と呼ばれている。

　⓭から北へ2.4kmの茶呑峠までは、車道から徐々に
道幅が狭くなる。やがて、小石の山道となり標高差
180mを上がる。

　西側上段の道に入るべき⓮を挟んで、途中に補助
⓭-1・⓮-1が設置されている。スギ林に囲まれた茶
呑峠には、地蔵菩薩石像を守る石積みの堂と古びた
案内板が立つ。⓯は五叉路。堂のある南斜面の尾根

茶呑峠（堂内に地蔵菩薩が安置してある）

道は東俣山（670.4m）へ。西は稲荷神社へ下山する稲荷谷（カモチ谷）。まっすぐ北への急斜面は天童山（775m）への最短コース。

東から上がってきたトレイルコースは、ユリ道（山腹をトラバースする道）となって西北へほぼ水平に進む。分岐の標石には、「左下村志うさん／右山国ゆげ／ミち」とある。

峠道は徐々に北へ向きを変える。三つの沢を越え、岩場の上を通るとまた向きを変え、ほぼ水平に進んだ先に鳴の堂跡（⑯）がある。やがて、左手南斜面から上がってきた稲荷谷からの林道と合流する（⑰）。

100m 先の林道の右カーブに竜ヶ坂▶142頁⑱があり一気に空間が明るくなる。南方向の山並みは、地蔵山（947.3m）・竜ヶ岳（921m）・愛宕山の山塊だ。石積みの中に大日如来と地蔵菩薩の二体が佇み、北方向の中江地区への下山道が続く。

山国・弓削と下村・周山を示す道標

鳴の堂跡

天童山コース：⑱～D4

竜ヶ坂⑱から東へ1.6kmの天童山▶142頁には、林道を東へ緩やかに上がっていき、林道終点D1から山道に入る。細い階段から左へ折返すと、パラグライダー離陸場跡に着く。

比良山系や若丹国境尾根・頭巾山・長老ヶ岳の山並みが開け、足元には上桂川と国道477号沿いの集落や田園が広がる。

離陸場跡の上部にあるD2から山道を進み、尾根

竜ヶ坂の二石仏

103

を忠実に進む。南斜面に
建つアンテナを越えると、
周囲はモミの大木の林に
なる。

　登り下りを繰り返して
常緑樹の尾根を東へ進む。
高さ2mの大岩が転がる
小さなコルの D2-1 から
天童山までの一帯は、成
長したスギ林で林床に陽
が当たらない。 D3 へは
東南方向へ急坂となるが、
北斜面を東方向へ水平に
進み D3-1 のコルへ繋がる
ルートもある。

　急坂を登りきったピー
クに D3 があり、南方向
の尾根100m先にある一本
松からは北を除く三方の
展望が楽しめる。

　天童山へは、 D3 から
山頂が視認できる東方向
への道を下り、二つ目の
坂を降りたコルに D3-1 が
立つ。景色に変化のない
スギ林の坂道を200mで天

パラグライダー離陸場跡から丹波高原を望む

天童山山頂

童山に辿り着く。竜ヶ坂には往路を引き返す。

　D4 は南北に長い山頂にあって、城丹国境尾根は
東の飯森山へ続く。

　竜ヶ坂の 18 から山裾の中江 24 までは標高差290m。
急斜面を北へ九十九折のあと、傾斜を緩めながら北

天童山コースの眺望が
よい地点は2箇所。パラ
グライダー離陸場跡と D3 の南
100m地点で、それぞれ違う方
向を望むことができる。山頂も
含め、他は樹木に覆われる場面
が多い。

西に進んで林道につながる。二石仏からヒノキ林の中を北に進み、左へ鋭角に折返して南へ進む。次の北向きへの曲がり角に <u>18-1</u> がある。斜面に残る採掘の跡は、明治から昭和時代まで続いた丹波マンガン鉱山のひとつである。折返しをさらに数回繰り返して高度を下げ、<u>18-2</u> からは東方向へのトラバースとなり、Y字路に立つ <u>19</u> に出る。

治山ダムが並ぶ深い谷を越えると、林道が分岐する <u>20</u> に着く。北東から上がってきたコンクリートの林道が南東斜面へ曲がる角であり、北西方向の山道は中江の東林寺へ続く。トレイルコースは、北東方向へ林道をまっすぐ下り北に向きを変えていく。

400m先の東斜面に、賀茂神社 ▶142頁 鳥居への細長い石段がある。<u>21</u> から100mで獣害防止フェンスの扉があり、T字路 <u>22</u> が続く。

林道を下ると、中江の集落と田園風景が目の前に広がる。降りた道路のカーブに <u>23</u> があり、北西への道路の突き当たりに中江 <u>24</u> が見える。

西方の1.3km先には山国神社があって、さらに北西に「山国富士」と呼ばれる姑棄野山 ▶142頁 （429.3m）が横たわる。

中江から舗装道路を北東方向へ山裾を進む。T字路の <u>25</u> で左へ直角に曲がる。田園の中を進むと上桂川を亀ノ甲橋で渡る。ゴツゴツとした岩肌を流れる水流に魚影がある。初夏には鮎釣りで賑わう。そのまま直進すれば最玄寺バス停だ。

京北コース2

右岸の亀ノ甲橋 <u>26</u> を北東へ。堤防の地道に入り、上流に見える六ヶ井堰からの用水路を越える。流域に点在する集落（比賀江・中江・塔・辻・鳥居・下町）

山国富士と呼ばれる姑棄野山

六ヶ井堰

光厳古道が歩き難い場合は、晨渡橋から山陵橋へ国道か近畿自然歩道を通ることができる。

へ灌漑用水を提供するものである。

　国道477号に合流する㉗から光厳古道分岐㉙までは、国道を1.2km歩く。北側（山側）に歩道が設置してあり、右手は田園風景が続く。野上町（のがみ）の集落を通り、野上橋バス停から100mの先に㉘がある。

　近畿自然歩道が、国道から南へ分かれる地点の80m先の北側に大野（おおの）公民館（トイレあり）があり、掃除

光厳古道から上桂川上流を望む

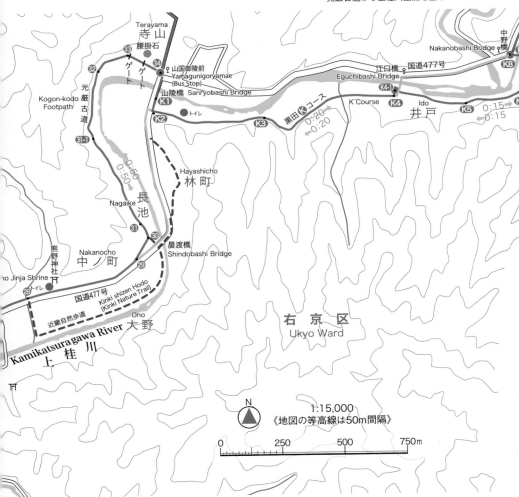

1:15,000
《地図の等高線は50m間隔》

0　　　　250　　　　500　　　　750m

の行き届いた熊野神社が北側に広がる。

　国道を東へ200mで大野バス停。さらに200mで光厳古道のY字型分岐❷❾に着く。トレイルコースは国道から離れて左（西）側の道路に入る。

　この先の光厳古道は上桂川河川敷へ降りるので、増水などで危険な場合には国道477号をそのまま直進して、晨渡橋を越えて北進し山陵橋❸❹へ迂回する。

　Y字型分岐を左にとる。200mでT字路❸⓪を左折して山裾を上がり、100mのY字路❸❶は平坦な右へ直進する。古井戸の先で舗装道が終わり、スギ林の中の木陰歩きとなる。❸❶-❶で金網ゲートを越えると踏跡が薄くなって、北朝の初代天皇だった光厳法皇が通われたとされる古道の雰囲気が漂う。河川敷は、草や岩の踏跡を探しながら進む。

　川の流れが直角となる角で古道は川から離れ、❸❷からはスギ林。東に向きを変えて金網ゲートのある❸❸からは農道である。左手の上段広場に「光厳法皇安らぎの腰掛石」があり、金網ゲートを越えて山陵橋❸❹のT字路に出る。上桂川に架かる山陵橋の国道477号が直角に曲がる交差点に、山国御陵前バス停がある。

黒田コース：K1～K19

　国道を南へ上桂川の山陵橋を渡り、東側のK1を確認してさらに100m直進。東へのT字路交差東南にK2を左折する。右手（南側）山斜面に沿って東へ延びる車道歩きは、江口橋まで1.0kmある。上桂川の堰を落ちる水音が聞こえ、右カーブにあるK3からは下りになる。

　江口橋南詰20mの小径のK4からは北へ土手を進み、20m先のK4-1から河川敷に降りる。増水などで危険な場合には、江口橋を北に渡って国道477号を

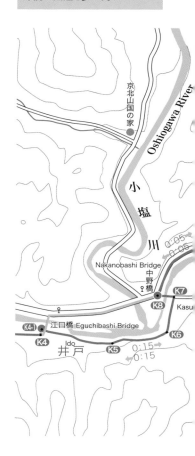

! K4からK8は、河川敷や左岸の川畔にコースが続く。増水時やコースの通過が困難な場合は、江口橋から中野橋へ国道を歩こう。

東へ400mにある中野橋右岸 K8 へ迂回できる。

　アルミ製の二連梯子を固定したコンクリートの法面を降りて江口橋の下をくぐる。砂地と石礫の河川敷で溝を跳び越える。中段の土手に上がると、南からの川の水路が越えられないので河川敷に戻って徒渉する。

　中段の土手に戻り、突き当たりの K5 から土手を20m上がると、南側の斜面に沿った用水路が東へ200m続く。

　用水路に沿った川側の小径を進み、谷を越える箇所では2m幅のコンクリートを乗り越える。 K6 で水路道歩きを脱して草叢に上がる。

中野橋のケヤキ

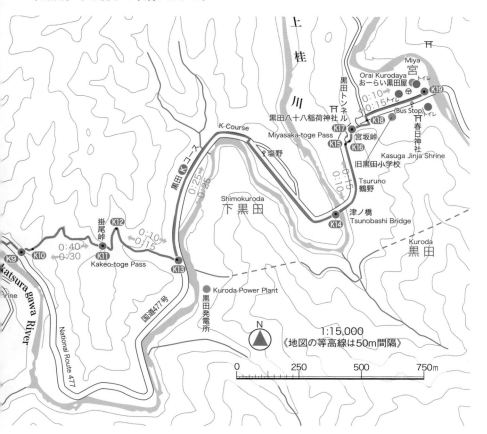

住宅前の道路を北に進み、K7の中野橋東詰を左（西）へ。橋を渡れば国道477号に立つ中野橋K8である。国道を西へ100mに井戸バス停があり、小塩川が北から上桂川に合流している。

中野橋から北方向へ国道を歩く。掛尾峠登り口のK9から峠まで700mあり、標高差95mの登りになる。国道を右下に見て東方向への坂では、アセビの幼木が目立つ。細い山道は、斜面をトラバースしながら緩やかに登って掛尾峠（K11）に着く。

峠からの下りは10mで北へ登る山道との分岐だが、ここは直進で下方へ。30mで左（北）へ折返し、50mでK12が立つ林道合流の四叉路となる。ススキが繁って見通しは悪い。林道を南へ下り始めると左（東）に向きを変え、右にカーブして国道477号へ降りる。

<u>黒田</u>▶142頁発電所前K13からは対岸に発電所の全容が見え、1.5km先の黒田トンネルまで国道を歩く。上桂川に沿って右岸を北へと進むと、河川敷との間に民家や田畑が点在する。旧道との分岐に塩野バス停がある。

下黒田の集落に入って津ノ橋（K14）に来ると、鶴野の集落風景が広がる。黒田トンネルの入口が見えると、20m手前にK15が立つ。トンネルの南側には地蔵が祀られ、山斜面の扁額「八光洞」に旧トンネルが偲ばれる。

鋭角で南へ折れ、10mで北に折返して東へ曲がると宮坂峠が見える。K16は東南にあるトロー峠への林道分岐であり、20m先の宮坂峠K17は黒田八十八稲荷神社参道への分岐にあたる。東方向へ下りて左折し、二つの朱の鳥居を過ぎるとK18でトンネルを抜けた国道に戻る。

北側の歩道を東に進むと、やがて春日神社と百年桜が見える。おーらい黒田屋の駐車場に黒田コース

井戸付近の上桂川

> **!** 掛尾峠の登り下りは標高差100mほど。山道が不安な場合は、距離が長くなるものの国道で迂回しよう。とくに積雪のある場合は要注意。

旧黒田トンネル

春日神社

八重に一重が混じる百年桜

春日神社の百年桜は、常照皇寺の桜より2週間から1ヶ月遅くに見頃を迎える。同時期に観桜することは難しい。満開の頃に、山々ではタムシバの白色が目立つ。

終点の K19 があり、郵便局や交番・バス停が隣接する。おーらい黒田屋は、地元の人々が自ら経営する店で、日用品やお菓子などのほか地元農家の農産物や木工品など地域の特産物を販売している。

111

京北の山里と合併記念の森をつなぐ

秋の下熊田

京北コース3

［標識＝34〜67］山稜橋〜保井谷橋

距離＝11.3km（周回コース＝山国御陵前〜保井谷橋）
　　　4.2km（弓削川コース＝矢谷上橋〜保井谷橋）
標準コースタイム＝→ 3：40
（弓削川コース）＝→ 1：15
コースレベル＝▲△△
公式ガイドマップ＝「京北」
1：25,000地形図＝「上弓削」「四ツ谷」「殿田」「周山」

アクセス：
起点
　京北ふるさとバス「山国御陵前」バス停⇨京北34
終点
　京北ふるさとバス「下熊田」バス停⇦京北67

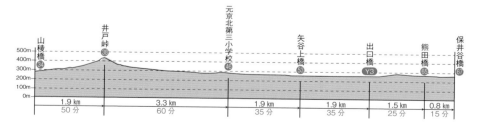

城跡と林業の風景を縫って

城山（周山城本丸址）

京北コース４

［標識＝ 67 〜 92］ 保井谷橋〜細野・保井谷橋〜ウッディー京北

距離＝ 8.7km（周回コース＝保井谷橋〜細野）
　　　　3.0km（城山コース＝黒尾山分岐〜ウッディー京北）
標準コースタイム＝→ 4:10
（城 山 コ ー ス）＝→ 1:15
コースレベル＝▲▲△
公式ガイドマップ＝「京北」
1:25,000 地形図＝「上弓削」「四ツ谷」「殿田」「周山」

アクセス：
起点
　京北ふるさとバス「下熊田」バス停⇦京北67
終点
　西日本 JR バス「細野口」バス停⇦京北❶
　城山コース／
　西日本JRバス「京北合同庁舎前」バス停⇦京北S13

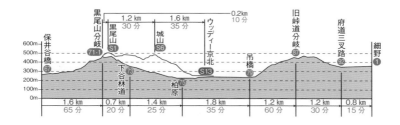

京北コース3

　山陵橋から北へ300mの直線を緩やかに上がると、正面の山裾に<u>常照皇寺</u>▶143頁の境内が広がる。府道61号が常照皇寺の参道から離れて北西に向きを変えるT字路に標識京北㉟（以下番号のみで表記）が立つ。

　100m北に見える参道入口まで爪先上がりの坂に、駐車場と広場があって京都丹波高原国定公園の案内板も立つ。常照皇寺は臨済宗天龍寺派の禅寺で、貞治元（1362）年に光厳法皇によって開かれた古刹である。

　北西に向かう府道は、井戸谷橋を越えてスギ林の中を緩やかに登っていく。㊱で、10m下の谷へ降りる。井戸谷の水位が高くて危険な場合や冬期で積雪が多い場合は、<u>井戸峠</u>▶143頁㊲までそのまま府道を進んで迂回する。この車道は、北側からの支谷ごとに深く屈曲するが、コースはスギ林の中を井戸谷に沿って直線で進む。

　谷への小径は枝葉に覆われ、雪に隠れている場合もあるので注意しよう。北からの谷の分岐に㊱-1がある。また、北側を平行してきた府道が北向きとなるカーブでも、100mの小径で繋がっている。標識を直進して左俣へ入り、谷筋に沿って上がる。

　谷から南側に離れ、ジグザグ道を急登すると府道に合流して井戸峠㊲に着く。西側に南へ向かう林道入口があり、㊳が立っている。

　峠の中央北斜面に地蔵石仏が祀られ標石が並ぶ。大きな「東」の文字の下に刻まれている二行は、「東寺山　南山みち（比賀江）／西つつ江（筒江）　北初川」と読める。峠から北斜面を斜めに上がる小径は、尾根を辿って千谷山（644.7m）方面に続く。

❗ 井戸谷のコースが増水したり荒れているときは、車道で峠を越えよう。気温・湿度の高い時期はヤマヒルが多いので要注意。

井戸峠の標石

114

峠から西方向へ府道から外れて山道を下る。ヒノキ林の斜面を下ること400mで、㊴の府道に合流する。車道を緩やかに下った50mの㊴-1を越え、さらに100mで皆味噌谷林道が分かれる手前に㊵が立つ。

筒江橋㊷までの間（2.5km）は、府道を山裾に沿って西へ進む。平坦になった直線道路の左（南）側には、川沿いに田園が広がり、北（西）側には民家が点々と繋がる。

筒江公民館と熊野神社御旅所の先で、府道61号が国道162号と接続し、筒江橋北詰㊷に着く。弓削川に架かる筒江橋の南詰には筒江口バス停ときょうと京

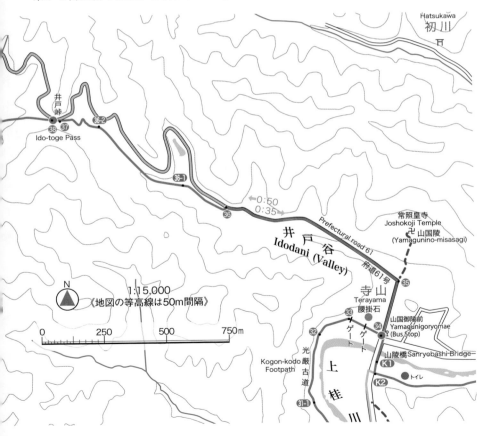

北ふるさと公社（トイレあり）があり、国道は南へ直進する。

　西側の旧道と合流する地点**43**で横断歩道を渡り、そのまま西へ100mの突き当たりにある**44**で元京北第三小学校に沿って北へ折れる。坂を下って**45**のＴ字路を西へ左折し、校舎に沿って進み、左へ回り込むと**46**の十字路に出る。

　西100mには八幡宮社が鎮座し、東30mには八幡宮社の御神木の「大杉」がある。トレイルコースは南へ向かう。

　47から上中水路の右岸を進めば、<u>上中城跡</u>▶143頁▶143頁**48**だ。城跡には芝生の公園が広がる。200m西の京北病院に通じる府道78号の**49**を横断して南進を続け、水路に沿ってあずまやを越える。この辺りは長閑な田園風景が続く。

　直線が左に折れた地点で弓削川と出合う。堤防上に**50**があり、右岸を下る地道の堤防道路は50m先で車道から離れる。

　200m先の沢橋**51**を左折して、橋を渡った**52**を右折すると左岸の堤防歩きになる。両岸に桜並木が続き、500mで矢谷上橋**53**に着き、コースは二つに分かれる。

❶ 周回コース

　西方向への周回コースは、「合併記念の森」の中を歩き、森の豊かさを感じながら林道と山道を歩く変化に富んだコース。

　53から矢谷上橋を渡って西に進み、100m先の交差点**54**を直進すると緩い登りになる。100mで**55**の十字路を直進してスギ林へ上がる。右（北）側の墓地を越えて下り始めると、左（南）側に池が広がる。池から100m、<u>「合併記念の森」</u>▶143頁▶143頁矢谷奥出入口ゲート**56**から北へ延びる林道の角にログハウスの矢谷奥

小屋が見える。

⑤⑥から南西方向の林道はカーブして南を向く。「合
併記念の森　森づくり・散策マップ」の案内板を越えて
50mの⑤⑦からは、林道を離れて右（西）へ山道に入る。
枝葉を踏みながらの小径は、北へ登って鋭角で折返
し、左下の古墳（石室）への標識を経て斜面を緩やか
に登っていく。

ヒノキ林の中でもう一度折返して緩やかに西へ上
がっていき、矢谷越⑤⑧を越える。南方向へスギ林の
坂を下ると谷を渡り林道に出る。

50m先の北からの林道との合流地点に⑤⑨があり、
谷が広くなって開けた空を見上げると東には南北に
延びる送電線が見える。アカマツに囲まれた平坦な

合併記念の森（上は北ゲート付近。下
は南ゲート付近）

Tsutsue
筒江

筒江公民館

Prefectural road 61

筒江川

Tsutsuegawa River

41 ←1:00
1:15→

トイレ

府道61号

40
皆咲噌谷

ni Bridge

卍

ntary School

> 道路の途中の北側に、「ト
> レイルWC」マークが掲
> げられている。これは笹壁様の
> ご厚意により、自宅屋外のトイ
> レをトレイル利用者に提供してい
> ただいているもの。コンクリート
> 道を20m上がった家屋の間を、
> 庭先から左へ軒下の通路を入っ
> た所にある。

N
1:15,000
《地図の等高線は50m間隔》

0　　250　　500　　750m

京都市
Kyoto City
右京区
Ukyo Ward

117

林道を谷に沿って南進し、東への林道分岐を直進すると林道分岐の⑥⓪がある。

　ここで直進してきた林道を離れて左のやや細い支線に入り、右（西）下に池を見ながら緩やかに上がっていく。峠を越えて左（東）へ下り、右（南）へ曲がって右（西）下に小池を見ながら進む。

　両側は10m以上の崖が崩れたままの土石が散乱する峠道で、⑥⓪-1を過ぎると南へ下る。ススキ原の明るい地道となり、空中の送電線と交差した先のカーブに、分岐⑥①が立つ。100m東の人工池周囲は広々として、池の間を抜けると「合併記念の森」管理棟とその南に作業棟が建つ。

　南西へ林道を下り、「合併記念の森」笹原峠出入口の金属網ゲートを越えた⑥②で左折する。民家と田圃の間を抜けると、⑥③で舗装道路（府道443号）と交差する。

　直進して田圃の地道を南西方向に進めば、府道365号の⑥④に出る。30m南の熊田橋⑥⑤からは、車道から離れて熊田川右岸の地道を流れに沿って南へ進む。なお、⑥③から⑥④までの農道が害獣避けネットで遮断されている場合は、車道を南進して府道365号を西進しよう。

❷ 弓削川コース：⑤③〜Y5〜⑥⑤

　南方向への弓削川コースは、前半は弓削川に沿った歩きやすく疲れない柔らかな土手道が1.7km続き、京北エリアらしい田園風景が展開する。コース後半は車道歩きとなる。緩やかな傾斜の泣き別れ峠には、女中奉公に出た昔日の秘話が伝わる。

　矢谷上橋から弓削川の流れに沿って左岸を南進する。桜並木を南へ行くと休憩所があり、100m進んだ矢谷下橋にY-01がある。

　道路を横断して土手道が続く。Y-02もそのまま左岸を直進し、永林寺橋Y1で橋を渡り西詰のY1-1か

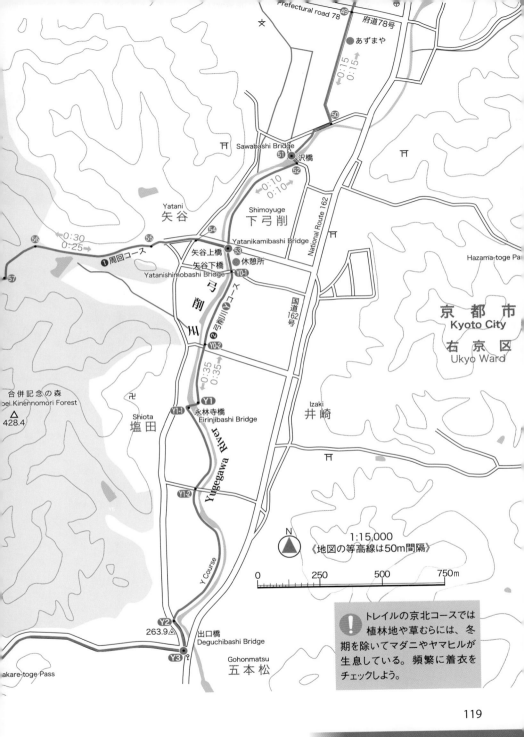

女

Prefectural road 78　府道78号

49

● あずまや

0:15
0:15

50

文 Sawabashi Bridge 51 沢橋
52

0:10
0:10

Yatani
矢谷

Shimoyuge
下弓削

National Route 162

54

56 0:30
0:25→

55 Yatanikamibashi Bridge

①周回コース 矢谷上橋 53 休憩所
─矢谷下橋 Y0-1
Yatanishimobashi Bridge
②弓削川①コース

57

弓
削
川

Hazama-toge Pa

京 都 市
Kyoto City

右 京 区
Ukyo Ward

国
道
162
号

Y0-2

0:35
0:35

合併記念の森
pei Kinennomori Forest
△
428.4

Shiota
塩田

Y1-1 Y1
永林寺橋
Eirinjibashi Bridge

Izaki
井崎

Yugegawa River 弓削川

Y1-2

N

1:15,000
《地図の等高線は50m間隔》

0　　250　　500　　750m

Y Course

Y2
263.9△
出口橋
Deguchibashi Bridge

Y3

akare-toge Pass

Gohonmatsu
五本松

！ トレイルの京北コースでは
植林地や草むらには、冬
期を除いてマダニやヤマヒルが
生息している。頻繁に着衣を
チェックしよう。

119

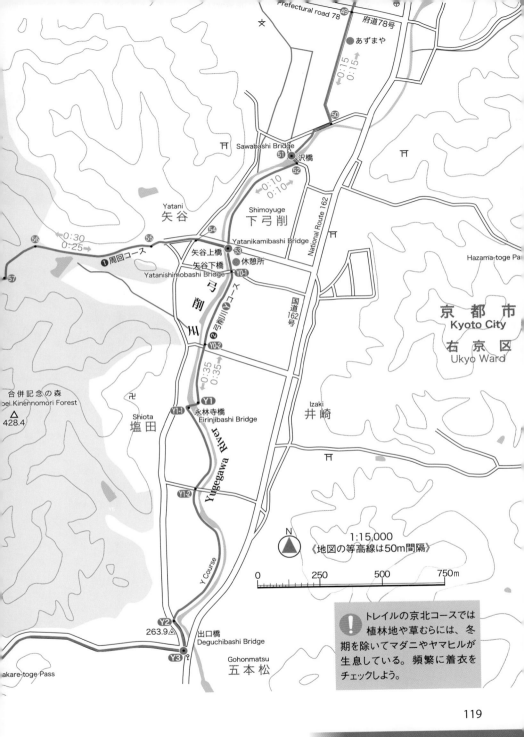

京北コース 3

ら右岸の土手道に入る。

　Y1-2の立つ橋で道路を横断し、右岸の土手道を下る。T字路の**Y2**で車道を左折し、道路東側の歩道を南進する。西側の道路脇には三角点（263.9m）があり100mで出口橋**Y3**に着く。

　東の国道162号から西方向へ府道443号が分かれており、東方には五本松スーパーや「山国富士」と呼ばれる姑棄野山が見える。

　トレイルコースは、国道の交差点に入らず府道を西へ向かう。南の斜面高台は花園大学のグラウンドである。JA京都経済センター手前の道路の分岐に、泣き別れ峠の**Y4**がある。

　峠を越えて緩やかに下り、**Y5**を経て熊田橋**65**に向かう。

　両コースが合流する熊田橋から、熊田川右岸の堤防を流れに沿って南進する。300m先の橋の**65-1**を越え、南西方向へ緩やかにカーブする。

　車道に架かる橋の**66**で、東の山裾に見える「京紅しだれ桜」で有名な宝泉寺への道路を横断し、なおも右岸堤防を進む。

　200m先の保井谷橋**67**の車道に入り、左折して橋を渡り熊田川から離れる。下熊田バス停は、保井谷橋から西50mの府道365号にある。

保井谷橋から黒尾山を望む

70-2付近から下熊田方面を見下ろす

京北コース4

　黒尾山▶143頁を眺めながら、保井谷橋から南東へまっすぐ緩やかに100m上がると右手に下熊田公民館が建つ。

　そこから300mで下熊田三叉路**68**。右折すると、この先は標識が細かく設置してある。

68-1 ・ 68-2 から林道に入る。スギ林を直進して右（南）にカーブすれば 68-3 。40m先の林道支線分岐に 68-4 。南西に向きを変えて60mで黒尾林道分岐 69 となる。

　林道は、黒尾山直下 S2 から 71 へ繋がる。トレイルコースは、Y字路の右の平坦な林道に入る。

　100mで橋を渡り、69-1 から墓地に向かう。手前の 70 からは左（南）に向きを変えて急坂の小径に入る。ヒノキ主体の植林の中を4回折返して60m登り、70-1 で尾根に上がる。

　上部から降りてくる林道に上がると西方向の展望が開ける。南30mに 71 が見える。ここからは林道でなく、南方向の尾根を登る。高度で40mを登ると、黒尾山分岐 71-1 に着き、　ここで二つにコースが分かれる。城山コースは、黒尾山の三角点を踏み、尾根に残る周山城址が楽しめる。周回コースは、桂川の吊橋風景と峠越えで北山杉の里山風景が見どころだ。

> **!** S1 から S6 まで、植林地が大半を占めるため作業道が各所に造られている。標識と地形図で進む方向を押さえておこう。

❶ 城山コース： 71-1 ～ S13

　71-1 の分岐から南東方向への尾根を忠実に辿り、標高差40mを登ると黒尾山 S1 に着く。三等三角点の周囲は平坦で、樹間から南に愛宕山方面が望める。

　東方向への尾根道を緩やかに100m進み、まっすぐ東へ延びる尾根に入らず北方向への急坂を樹木を支えにしながら林道へ降りる。S2 から分岐 S3 までの300mは黒尾林道を歩く。

　右側のスギ林に白色の標柱があり、「京都・文化の森（ヒノキ

黒尾山頂上

121

林）：0.6ヘクタール、京都の木の文化の継承を目的に京都府と森林所有者が協定を締結」の旨が記されている。

S3 から林道を離れて東へ小径を上がると、周山城址▶143頁の広い城郭跡が広がる。トレイルコースは、分岐を右（南）に山道へ入り、城郭跡の縁に平行する巻道から城郭跡の尾根道に合流する。

S4 からはスギ林の尾根歩き。左へカーブして東方向の下りになると、右（南）斜面に蛇行した新しい林道が見える。送電線鉄塔から右（南）寄りに小径を探してコルへ下り、S5 からは東の尾根を目指して急坂を上がりきると踏跡がはっきりしてくる。

スギ林を斜めに上がって再び尾根に出ると、周山城址主郭部に入って石積みが点在する。井戸の跡もある。石積みの階段を登ると本丸址と伝わる平坦部に到る（S6 ）。

平坦な曲輪群の東の尾根を進み、途中から右（南）の斜面に入る。深く折返して下る小径は、アベマキなどの落葉で滑りやすい。

平坦で幅の広い一直線の尾根道になるが、すぐに右の小径に入る。斜面を下って東に延びる尾根へ戻ると、北（弓削）、北東（山国）方面の展望が開ける。この尾根も東へ進むことなく、途中の S7 から鋭角で左折して北斜面を下る。

200m 先の S8 では、見えている正面の尾根ではなく右に下る小径へと進む。ジグザグで急斜面を降りた林道に S9 がある。

緩やかに林道を下って車道へ合流した地点に、周山城址の駒札が立つ。周山街区に入り、S10 から東へ緩やかな下りが続き、国道162号（周山街道）に向かう。

JA京北支店前バス停がある S11 の角から南へ200m旧国道を直進し、信号のある S12 の交差点から東へ寺田橋を渡れば右（南）側に S13 のウッディー

泣き別れ峠
Nakiwakare-toge Pass

弓削川 Y コース

Y2

出口橋
Deguchibashi Bridge

Y3

Y5

ashi Bridge

← 0:25
0:25 →

Y4

← 0:30
0:35 →

0:35
0:35

国道162号

Yugegawa River

弓削川

五本松
Gohonmatsu

京都市
Kyoto City

右京区
Ukyo Ward

黒尾林道
estry Road

卯滝
Utaki

城山コースにトイレはない。

周山城址は、中世以降の城郭跡が残り、なかでも明智光秀による築城が知られる。本丸址の見取図を参考に周囲を探索しよう。

S Course

3

S4

0:30
0:40

Mt. Shiroyama

① 城山 S コース

S5 周山城址
Shuzanjo Castle Ruins
(Mt. Shiroyama)

S6

S8

S9

S10

0:35
1:00

S11

National Route 162

国道477号 National Route 477

上桂川

S7

城山
(本丸址)
Shiroyama
(Honmaru Castle Ruins)

慈眼禅寺卍
Jigenzenji Temple

京都京北小中学校
Kyoto Keihoku
Elementary and Junior High School

寺田橋
Teradabashi Bridge

S12

S13

トイレ

京北合同庁舎前
Keihoku-Godochoshamae

Shuzan (Bus Sta.) 周山駅
西日本JRバス・京北ふるさとバス
West Japan JR Bus/Keihoku Furusato Bus

ウッディー京北 Woody-Keihoku

周山
Shuzan

Katsuragawa River

桂川

N

1:15,000
《地図の等高線は50m間隔》

250   500   750m

京北▶143頁がある。

　路線バスの起点・終点である周山駅は、S12 から
街並みに沿ってすぐ南の西側にある。

「京都・文化の森」の標識

❷ 周回コース

　71-1 から西方向へ急坂を10m下ると、ネット越し
に北西方向の展望が広がってくる。さらに20m下っ
た 71-2 からは、南東に向きを変えて黒尾山南斜面の
トラバースが始まる。

　スギの葉が敷き詰められた緩やかな上り200mで分
岐72 に着く。北への尾根道は黒尾山山頂へ。南への
小径は沓ヶ谷を栃本へと降りる。

　トレイルコースは東方向へ直進し、下谷林道まで
標高差110mの坂道になる。ヒノキ林を緩やかに下り
始め、150m先の 72-1 で鋭角に折返す。続いて2回折
返すとスギ林の中に 72-2 がある。

　南側の谷に平行して東へ下り、谷に降りると 73 の
林道に合流する。下谷に沿った1.4kmは南方向へほぼ
まっすぐ続く。

　概ね右岸を行き、堰堤を過ぎて橋を渡って二つ目
の堰堤を越えると、西への林道分岐に 74 が立つ。そ
の先で左岸に渡る。

　やがて明るく平坦な田畑が広がり、柏原バス停のあ
る 75 で国道477号と合流する。東へ150mの 76 で、周山
へ向かう国道から離れて東の桂川に沿った車道へ入る。

　ススキの原から田圃の景色となり、左側から谷と
車道が合流する三叉路に 77 が立つ。山手に日吉神社
が鎮座し、右手の魚ヶ渕公民館を過ぎて川の流れが
接近すると、白波の立つせせらぎと魚ヶ渕集落の景
色が美しい。

　79 の吊橋の袂に枝垂桜の大木があり、山里の風景と

鮎釣りのポイントとして人気を集める。

　吊橋を南へ渡って人家を過ぎると⑩が立つ。土手の切通しを越えて湿地帯に入り、山裾を南北に延びる小径のT字路⑩-1で左（北）へ進む。

　⑪からは、南の尾根に取付く「高瀬の道」▶143頁である。峠の⑰まで1.0km、標高差200mの登りが待っている。折返しながらスギ林を過ぎると尾根を通る溝状の山道となり、南西寄りに向きを変える。緩や

大正6年の道標（⑯付近）

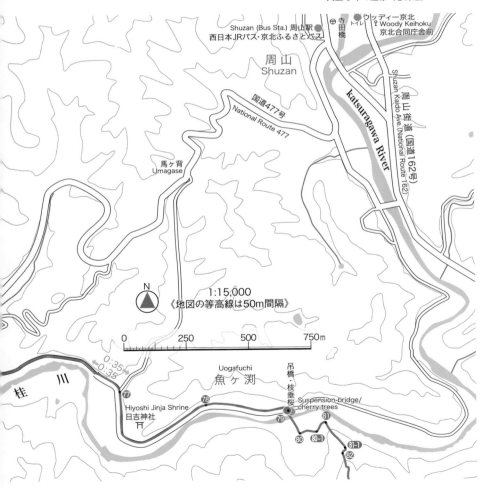

Shuzan (Bus Sta.) 周山駅
西日本JRバス・京北ふるさとバス

寺田橋　トイレ　ウッディー京北
Woody Keihoku
京北合同庁舎前

周山
Shuzan

国道477号
National Route 477

katsuragawa RIVER

周山街道（国道162号）
Shuzan Kaido Ave.(National Route 162)

馬ヶ背
Umagase

N

1:15,000
《地図の等高線は50m間隔》

0　　250　　500　　750m

0:35
0:35

桂　　川

Uogafuchi
魚ヶ渕

吊橋・枝垂桜
Suspension-bridge/
cherry trees

⑰

⑱

Hiyoshi Jinja Shrine
日吉神社　⛩

⑲

⑳　⑳-1　　⑳-1
　　　　　　　⑳

125

かなススキの原に立つ㉘からは、吊橋と集落を見下ろすことができる。

スギ林に入る手前で上方の送電線をくぐり、東に向きを変えて幅広の山道を進む。㉔・㉕を越え、㉖で大川表林道に合流する。一段と標高が上がり、東

❗ 魚ヶ渕から「高瀬の道」を経て高間谷まで、林業の盛んな地域なので作業用の道が各所に造られている。標識で現在地を確認して目的地に向かおう。

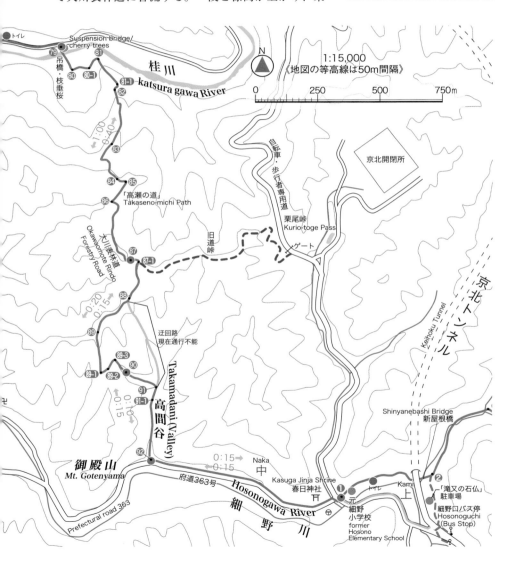

正面に天童山の稜線が見える。**87**は、周山方面を見渡すベンチが設置された展望所だ。

林道は栗尾峠（くりお）へ続くが、東南へ20mで次の**87-1**があって、右鋭角に折返して小径へ入る。30m下って大きく左（南）に向きを変え、マツ林の斜面を緩やかに上ると尾根の分岐**88**に出る。

左の谷へ下る小径は、直接に**91**へ降りる迂回路。左（東）側に平行する林道を見て尾根道を南進し、200m先の分岐**89**から西へ続く尾根を外れて南へ向かう坂道を下る。

89-1でスギ林の中を左（東）へ曲がり、東へ斜面を巻きながら、谷を渡った**89-3**で林道に降りる。

その道を右（南）に100m下り、林道支線分岐の**90**を経てT字路に立つ**91**へ出る。

高間谷（たかま）左岸の林道へ接続するが、右岸にも北への林道が分かれている。右折して南進し、**91-1**を過ぎると右岸になる。スギ林を抜ければ府道363号との三叉路**92**へ着く。

元細野小学校まで800m。府道北側の歩道を東へ向かうと、丸太や薪の乾燥など北山杉を扱う産業と里山の風景が続く。

南側には細野保育所跡・細野グリーン会館・細野郵便局が並び、北側に春日神社と細野駐在所がある。

突き当たりT字路の正面、元細野小学校の正門が終点細野**1**である。西日本JRバス細野口バス停は、旧道を南に行った東方500m先の国道162号（周山街道）にある。

魚ヶ渕の桜（**79**）

周山方面の眺望（**87**）

細野川流域の山村風景（**92**・**1**）

127

京都一周トレイル

立ち寄りスポット

●御香宮神社 ➡〔東山1〕

　大手筋に面し神功皇后を主神にする。元は御諸神社と称したが、境内に清泉が湧き出したため御香宮と改めた。表門は旧伏見城の大手門で、豪壮な形式はいかにも城門らしい。御香水は本殿前の手水鉢に流出するよう造られ、環境省の名水百選にも選ばれている。伏見の清酒もこの伏流水を利用し、地域を象徴する神社である。伏見城の守護神として豊臣秀吉によって移設（古御香宮）されたが、徳川家康によって現在の地に戻された。

●乃木神社 ➡〔東山1〕

　伏見桃山（明治天皇）陵の南方にある。明治天皇に殉死した陸軍大将＝乃木希典夫妻を祭神として大正時代に創祀された。台湾檜で建てられた神門や記念館は見どころ。なかでも、中国東北部から移築された建物の腰石には、風や波でできた漣痕（化石）を見ることができる。

●伏見桃山（明治天皇）陵 ➡〔東山1〕

　明治天皇陵は伏見山（桃山）のほぼ中央に築かれ、東西127m、南北155mの規模を誇る。昭憲皇太后の伏見桃山東陵はその東側にある。広大なエリアは伏見城址にあたり、本丸址と名護屋丸址が使われている。四ノ丸址である一般遥拝所から南へ下る長い石段は伏見城当時の地形を利用している。

●伏見桃山城 ➡〔東山1〕

　伏見山（桃山）の北西台地に開設された元遊園地の一部。大天守と小天守が並ぶ連結式の城郭だが、洛中洛外図を参考に建てられ復元ではない。開館時は秀吉に関わる資料が展示してあった。現在は伏見桃山運動公園として整備され、伏見北堀公園で当時の堀の面影を偲ぶことができる。天守内部への立入りはできない。

●八科峠 ➡〔東山1〕

　墨染と宇治を結ぶ宇治街道は、藤森神社の前から六地蔵の間で峠を越える。最高地点に道標があり、「右京みち／左六ぢぞう」と彫られている。建立者は松井市右衛門で、この地の先祖だと思われる。擁壁には東海道の車石が使われ、街道のよき面影が漂う。名称は、秀吉の時代に配下の矢嶋氏邸があったためという（『雍州府志』）。

●大岩神社 ➡〔東山1〕

　大岩山の山頂直下にあり、大岩・小岩を御神体にする。難病の神様として知られ、かつて不治の病とされた結核の治癒に霊験があるとして参拝者で賑わった。参道の途中と本殿近くに、近現代の日本画家＝堂本印象の寄進した鳥居が独特のデザインで建っている。

●伏見神寶神社 ➡〔東山1〕

　「神宝さん」として親しまれ、天照大御神を主祭神に稲荷大神も祀る。元来、稲荷山三峰の前山（丸山）にあったとされ、現在の地に戦後再建された。社名は十種神寶に由来す

る。叶雛が境内に彩りを添え、周囲の竹林と「竹乃下道」の緑も美しい。

●伏見稲荷大社　➡〔東山1・2〕

　商売繁盛・家内安全・産業興隆などの守護神として、多くの人々から「お稲荷さん」として親しまれている。本来は伊奈利社（稲成・稲生・飯成）で、五穀豊穣を司る神である。稲荷山全山を神域にするため、山中の参道に朱塗りの鳥居が林立する。なかでも、本殿から奥社奉拝所にかけて並ぶ千本鳥居は壮観。○○大神と神名を刻んだ「お塚」（祠）も多い。神蹟をつなぎ、最高峰の一ノ峰をはじめ、二ノ峰・三ノ峰と巡拝する「お山巡り」が盛ん。茶店が点在するのもここならではの光景。

●泉涌寺　➡〔東山2〕

　東山区今熊野・月輪にまたがり、東山・泉山と号す。皇室との関係が深く御寺とも呼ばれている。弘法大師空海が草庵を結んで法輪寺と名付けたのが起源とされる。四条天皇の月輪陵が営まれて以降、二十五陵五灰塚九墓がある。中国から将来した楊貴妃観音は宋代の美人を思わせる。塔頭の悲田院は身寄りのない老人や子供、貧しい人たちを収容する施設の名跡を引き継ぐ。

●今熊野観音寺　➡〔東山2〕

　西国三十三所観音巡礼の第十五番札所で、知恵授けやぼけ封じの観音さまとして庶民の信仰を集めてきた。桜と紅葉の美しさでも知られる。周辺の鳥部野（鳥戸野＝貴族の埋葬地／鳥辺野＝庶民の葬地）と深く関わる寺院でもあり、藤原三代の墓（藤原長家・藤原忠通・慈円）と伝わる供養塔が山腹にある。

●剣神社　➡〔東山2〕

　今熊野の産土神として崇敬され、子供の疳虫除け祈願に霊験があるといわれる。「つるぎ」を太刀と言うことから、御礼に太刀魚の絵馬を奉納するのが習わしである。ただ、絵柄は祭神の使者である飛魚が描かれており、ユニークさが光る。

●阿弥陀ヶ峰　➡〔東山2〕

　七条通の真東にそびえる東山三十六峰の一峰である。山頂に豊臣秀吉を祀る豊国廟があり、大きな五輪塔が建つ。太閤坦から約500段の石段が続く（有料）。

●渋谷街道　➡〔東山2〕

　国道1号（五条バイパス）とほぼ並行する古道。久々目路・苦集滅路・汁谷越・滑谷越などと呼ばれ、西の馬町側に一部旧道が残る。東山区清閑寺山ノ内町の三叉路に、明治時代の大きな道標があり、「すく（すぐ＝真っ直ぐ、直進）大佛・本願寺道／火葬場・山科大津道」と記してある。大佛は豊臣秀吉が初願した盧遮那仏を安置した方広寺を表す。

●清閑寺　➡〔東山2〕

　渋谷街道に面する北側の山腹を占め、高倉天皇後清閑寺陵・六條天皇清閑寺陵が山門手前の山手にある。小督局塔と伝える宝篋印塔も建つ。応仁の乱以後は衰微し、本尊の十一面観音像を安置する本堂と鐘楼・郭公亭が建つだけである。清閑寺を冠する地名は広範囲にわたり、かつての興隆が偲ばれる。清水寺へ通じるあたりを「歌の中山」と呼び、桜の花の下に文人・歌人が集う諷詠の地であった。

●清水寺　➡〔東山2〕

　音羽山北観音寺と号し清水山（音羽山）の中腹に開かれた。平安時代以来の形式を踏襲する「清水の舞台」（本堂）は、京都市内を見下ろす景勝地として有名。門前の清水坂や五条坂は多くの人で賑わう。仁王門・鐘楼・三重塔などが境内に点在し、奥ノ院の崖下にある音羽ノ滝が名の起源である。音羽川の渓流（錦雲渓）をへだてた丘の上に子安の塔（三重塔）が建つ。世界遺産（文化遺産）。

●清水山　➡〔東山2〕

　清水寺の背後にあって、音羽山とも呼ぶ。高台寺山・霊山（霊鷲山）・清閑寺山へなだらかな峰が続く。カシやシイを主体とする樹林が美しい。清水寺に通じる参詣道の石造道標が各所でその面影を伝える。

●伊藤博文詩碑　➡〔東山2〕

　伊藤博文（春畝）自作の七言律詩を彫り、裏に建立の経緯が記されている高さ3mに及ぶ大きな石碑。井上馨（世外）の碑と対をなす。

●井上馨詩碑　➡〔東山2〕

　井上馨（世外）が揮毫した七言律詩の石碑。建立者は中井三郎兵衛（慈眼）。氏は明治時代の実業家で、三条東洞院で和洋紙問屋「中井商店」を営み、市会議員や府会議員も務めた。山本覚馬や新島八重ともかかわりがある。観光都市として京都を発展させるため、東山の景観保護に尽力した。

●将軍塚　➡〔東山2〕

　桓武天皇が平安京の造営に際して王城鎮護のため築いた塚で、弓矢を持ち甲冑姿の土偶（高さ8尺）を西向きに埋めたとされる。「天下に異変あるときは必ずこの塚が鳴動して前兆をあらわす」とされ、鎌倉時代の『源平盛衰記』には、源頼朝が挙兵する前に鳴動し大地震も続いたという。大日堂庭園内の大舞台からは、京都市街が一望できる。新たに建立された青龍殿も見どころのひとつ。

●尊勝院　➡〔東山２〕

　境内を京都一周トレイル東山コースが通り、岡崎を中心に展望にも恵まれる。第十八代天台座主の元三大師（良源）を本尊とする。堂内の地蔵像（「米地蔵」）は、金蔵寺（三条白川橋畔）の遺仏とされる。体内に籾粒が納められていることから、信じる者は米の食いはぐれがないといわれている。延暦寺（横川）の尊勝坊（院）が始まりで、青蓮院門跡に属す。

●粟田神社　➡〔東山２〕

　「京の七口」のひとつである粟田口にあって、旅立ちの守護神として崇敬されている。社前を東海道が通るため、古くから多くの参拝者で賑わった。鳥居には感神院新宮と記した額を掲げ、粟田天王社とも呼ばれた。粟田祭（粟田神社大祭）には、室町時代から伝わる剣鉾と神輿が巡行する。紅葉が美しい。

●琵琶湖疏水　➡〔東山３〕

　明治時代、政治の中心が東京へ移って京都の産業・経済は急激に衰退し、街の復興と産業の振興を目的に計画された。北垣国道（第三代京都府知事）と田邊朔朗（京都府御用掛＝東京工部大学校卒の21歳）が中心的役割を果たす。電力・水運・水道の普及と灌漑・工業用水を確保するため琵琶湖の湖水を京都へ引いた。1890（明治23）年に完成した第一疏水と1912（明治45）年にできた第二疏水からなる。電力を使って1895（明治28）年に日本初の路面電車が開業した（京都―伏見間）。蹴上には現在も発電所・浄水場があり、インクライン（全長約582m、高低差約38mの傾斜鉄道）も静態保存されている。

●日向大神宮　➡〔東山３〕

　「神宮」は神社における最高の格を示し、伊勢神宮を指す。京都で最古の神社といわれ、「京のお伊勢さん」として親しまれてきた。内宮（上ノ本宮）は天照大御神、外宮（下ノ本宮）は天津彦火瓊々杵尊で、社殿は伊勢神宮と同じ神明造。千木の切り口が異なり（内宮は内削、外宮は外削）、鰹木の数も違う（内宮は八本、外宮は七本）。

●大文字山／五山送り火「大文字」火床　➡〔東山３〕

　東山三十六峰の一峰であり、京都市民や観光客に親しまれる。山科から京都市南部の景観に優れる。この山群の主峰＝如意ヶ岳（472m）と混同して使われる場合もあるが、そのピークは長等山へつづく稜線にあって異なる。また、五山送り火の「大文字」（火床）は、市街地に近い斜面が使われており、大文字山の山頂とは約800m離れている。送り火は盂蘭盆会の行事のひとつとして、現在は8月16日に行なわれる。「大」の正面は烏丸今出川あたりで、京都の中心が上京だった証だといわれている。

●楼門ノ滝　➡〔東山３〕

　鹿ヶ谷を西へ流れる桜谷川の上流にある約15mのナメ滝。如意ノ滝とも称し、近くに如意寺の楼門があったことによる。如意ヶ岳から三井寺にかけて、山中に堂塔伽藍が点在していた。滝の懸かる険しい谷を談合谷と呼び、法勝寺の執行＝俊寛僧都の山荘があって、

平家を滅ぼす密議が行なわれたとされる。滝の落口近くに俊寛忠誠の碑が立つ。

●霊鑑寺 ➡〔東山3〕

　鹿ヶ谷御所ノ段にあり「谷ノ御所」と呼ばれる門跡尼院。御水尾天皇の皇女＝多利宮を開山として建立された。本尊の如意輪観音像は、かつて山中にあった如意寺の遺仏と伝わる。皇室ゆかりの遺品も多く御所人形を多数所蔵していることでも知られる。散椿をはじめ、白牡丹・日光など庭園にツバキの名木が多い。通常非公開。

●安楽寺 ➡〔東山3〕

　法然上人の念仏道場で、念仏声明に巧みな住蓮坊・安楽坊が住んでいた。後鳥羽上皇の女房＝松虫・鈴虫が二僧の説法に感化されて出家したため立腹して二僧は斬罪。法然も土佐へ流された。江戸時代中期に菩提を弔うため建立され、後世の五輪塔や石塔が悲劇を伝える。鹿ヶ谷かぼちゃ供養で知られる。特別公開日のみ拝観可能。

●法然院 ➡〔東山3〕

　善気山（271m）の麓にあり、茅葺で数奇屋造りの山門と白砂壇・池泉の庭園が美しい。法然上人を偲んで、知恩院第三十八世＝萬無心阿上人が発願し門弟の忍澂上人によって築かれた。方丈には狩野光信による襖絵があり、東側の墓地には阿育王塔を中心に谷崎潤一郎や河上肇・内藤湖南など著名な文人や学者の墓が多い。本堂などは特別公開日のみ拝観可能。

●慈照寺（銀閣寺） ➡〔東山3〕

　室町幕府八代将軍＝足利義政は将軍職を子の足利義尚に譲り、浄土寺の跡を中心に造営した東山殿（慈照寺）で隠栖生活を送った。祖父であり三代将軍＝足利義満が建てた北山殿（鹿苑寺）とともに京都を代表する名刹のひとつ。銀閣（観音殿）は二階建ての楼閣建築で、東求堂・庭園・銀沙灘・向月台など見どころも多い。世界文化遺産に登録されている。

●北白川天神宮 ➡〔東山4〕

　志賀の山越（山中越）に近く、丘陵は深い樹林に覆われている。少彦名命を祭神とする北白川の産土神で、のちに天神信仰と結びついた。白川に架かる参道の萬世橋は、白川石工の技術を示す美しいアーチ式の石橋。祭礼の剣鉾は祇園祭の山鉾に通じる。

●白幽子旧跡 ➡〔東山4〕

　江戸時代前期から中期に実在した人物で、詩仙堂（山荘）を造営した石川丈山の弟子（石川克之＝慈俊）の弟。書に優れ、医学や天文にも明るかった。白隠禅師に「内観の法」を伝え、難病を克服したとされる。その問答は『夜船閑話』にしたためられている。岩窟の前に、富岡鉄斎（画家）建立の石碑がある。

●清沢口石切場 ➡〔東山4〕

　かつて「白川石」を切出した石切場が北白川の各所にあった。白色の緻密な花崗岩で、

京都の建造物や石灯籠・手水鉢・墓石などに広く使われた。清沢口大亀谷の丁場跡で大きな露岩を見ることができる。下流の谷筋には、粗加工した石材が道沿いに残る。風化した砂は「白川砂」として庭園や神社で数多く使われる。

● 瓜生山 (うりゅうやま(うりゅうざん)) ➡〔東山４〕

北白川と一乗寺にまたがり、白鳥越が通る尾根の先端にあたる。北側の狸谷不動から三十六童子巡りの道が接続する。古くは山頂に勝軍地蔵が祀られ、勝軍山や勝軍地蔵山と呼ばれていた。南北朝～戦国時代には山城が山中に築かれ、北白川史跡の道で北城出丸址（白鳥山）へ行くこともできる。キュウリを好む牛頭天王（ごず てんのう）（八坂神社の祭神）が、初めこの山に鎮座したのが山名の由来とされる。

●石鳥居（掛橋） ➡〔東山４〕

無動寺弁天堂へ向かう参詣道の分岐点。北白川地蔵谷から無動寺川を遡ってきた道と、一乗寺葉山から白鳥越の道に合流するルートが出合う。この付近を掛橋といい、二ノ鳥居と石灯籠が現存する。合流した京道は音羽川の上流から桜茶屋（おこう茶屋）を経て弁天堂に続く。音羽川の下流には、かつて音羽ノ滝があった。

● 「水飲対陣之跡」碑 (みずのみ) ➡〔東山４〕

鎌倉時代のあと、皇位継承をめぐって二人の天皇が並立する南北朝の時代が始まる。南朝は後醍醐天皇、北朝は光厳天皇を擁した。足利氏の攻撃から比叡山に逃れた後醍醐天皇を守る戦いが水飲周辺であり、南朝方の公家＝千種忠顕（ちくさただあき）率いる軍と北朝方の武将＝足利直義率いる軍勢が対陣した。

●雲母坂 (きらら) ➡〔東山４〕

修学院の林丘寺近くから比叡山（四明ヶ岳）を経て延暦寺に至る山道で、不動坂・勅使坂とも呼ばれる。かつて、山麓の修学院・一乗寺あたりを西坂本と称し、東坂本（大津市坂本）からの道とともに重要なルートであった。水飲は急峻な尾根を登って平坦になった水場を指す。その上部に浄刹結界趾（じょうせつけっかいのあと）があり、修行僧が結界から外へ出ることを禁じた。延暦寺の三塔（東塔・西塔・横川）へつづく道には、登り口付近にそれぞれ結界が置かれている。

● 「千種忠顕卿戦死之地」碑 ➡〔東山４〕

建武の中興（新政）の功臣として知られ、1336（延元元）年に足利軍と戦って戦死した。明治維新後に南朝方の新田義貞や北畠顕家・楠木正成らとともに再評価され、大正時代に石碑が建立された。近くに「千種塚舊址」（ちくさづか きゅうし）の標石もある。

●叡山ケーブル（京福電鉄鋼索線） ➡〔東山４・北山東部１〕

ケーブル八瀬駅（やせ）とケーブル比叡駅を結ぶ 1.3㎞ の路線（所要時間＝９分）。高低差 561m は

日本最大で、叡山ロープウェイに乗り継げば四明ヶ岳山頂へ行ける。冬期（例年12月〜3月）は運休。ケーブル比叡駅舎内に回峰行の写真や使われなくなった機器類が展示してある。

●比叡山 ➡〔北山東部1〕

　叡山・日枝山・天臺山・都富士・北嶺・臺嶺・艮嶽・鷲峰など多くの名称を持つ。最高峰の大比叡（848.1m）は京都府と滋賀県の府県境に位置し、京都側の四明ヶ岳（838m）が西に並ぶ。伝教大師最澄による比叡山寺の開創（788〈延暦7〉年）が山名の由来。標高600m付近に堂宇が集中しており、一乗止観院（根本中堂）のある東塔、転法輪堂（釈迦堂）のある西塔、横川中堂のある横川の三つのエリアに分かれる（三塔）。世界文化遺産。

●浄土院 ➡〔北山東部1〕

　伝教大師最澄が祀られる廟所で神聖な空気に包まれる。御廟を守る僧は山を下りずに読経と清掃を12年間にわたって続ける。回峰行とともにきわめて厳しい修行とされる（浄土院の掃除地獄）。

●峰道・玉体杉 ➡〔北山東部1〕

　京都の北東部にそびえる比叡山から、北へなだらかな稜線が延びる。京都府と滋賀県の府県境だが、修行の道（回峰行）が横川へつづく。延暦寺では峰道と称し、御所（京都御苑）を望む蓮台石で玉体加持の祈祷がなされる。天皇に失礼のないようここだけは腰を下ろして行なわれる。傍の大杉を玉体杉と称す。

●横高山・水井山 ➡〔北山東部1〕

　比叡山の北に横高山（767m）と水井山（793.9m）が駱駝のコブのように並ぶ。南側が横高山で、延暦寺では釈迦ヶ岳と呼ばれる。北側は水井山で、西面の水井谷が山名の由来と思われる。スカイラインそのままに急坂がつづき、京都一周トレイルコースの最高峰。西側は落葉広葉樹林が広がり、東側は延暦寺の植林地である。

●仰木峠 ➡〔北山東部1〕

　大原上野と仰木（大津市）をつなぐ山越えの道で、篠峯越とも呼ばれる。源義経が牛若丸の頃に越えたことでも知られ、鞍馬寺からほぼ一直線で近江へ入れる。歴史的には北国への間道として重要な役割を果たしてきた。現在は東海自然歩道のほか、北方の小野山・梶山への山道が分岐する。

●西之村霊神之碑 ➡〔北山東部2〕

　大原村蛇井出（現大原井出町）の大渕（池）に大蛇が住みついていた。里に出てきては人を害するので、里人は一箇所に隠れて難を避けたという。その後、節分の夜は江文神社へ参籠し一緒に夜を過ごすことになったとされる。井原西鶴は『好色一代男』で、これを「大原雑魚寝」として記した。この石碑は大蛇の胴体を埋めた場所といわれている。

●江文神社　➡〔北山東部２〕

　大原八郷の産土神として崇敬されてきた。背後の山は神体山として江文山と称したが、金毘羅大明神と琴平神社が勧請され金毘羅山と呼ぶようになった。山中の岩場はロッククライミングのゲレンデになっている。花尻橋の北東に御旅所があり、この花尻の森に大蛇の尾を埋めたとされる。井出町から本殿に向かう途中に馬場がある。

●江文峠　➡〔北山東部２〕

　大原と静原との間にある峠で、鞍馬から続く重要な往還であった。吉田経房が義兄の平親範を訪ねる際にこの峠を越えたことがその日記『吉記』に書かれている。後白河法皇が建礼門院を訪ねて御幸されたのもこの峠である。現在は車道が通過するが、トレイルコースは旧道を利用する。

●静原　➡〔北山東部２〕

　志津原とも記し、平治の乱に敗れた悪源太義平が潜伏したことから落武者の隠れ里として知られる。集落の中心に静原神社と小学校跡地の静原児童公園がある。神社の創建は不明だが、境内の大杉は歴史を感じさせる。葵祭に使う葵（二葉葵）はこの地から奉納される。

●薬王坂　➡〔北山東部２〕

　伝教大師最澄が鞍馬寺から比叡山へ帰るためこの坂を越えると、薬王が姿を現したことから名付けられた。静原側から急坂を登ると、アカマツの根元に弥陀二尊板碑が立っていた。尼蓮性が亡夫弘阿弥の菩提を弔うため建立したもの。南北朝時代後期の作で、江戸時代の観音巡礼「道中日記」には必ずといってよいほど記される。

●鞍馬　➡〔北山東部２〕

　京都と丹波を結ぶ鞍馬街道の要衝。賀茂川の水源であり、貴船（貴布祢）には水を司る貴船神社がある。京都の北を守る鞍馬寺が創建されてからは門前の集落として発展した。近代では木炭の集散地としても知られ、大消費地である京都での評価は高かった。「鞍馬石」「木の芽煮」などが名産。

●鞍馬寺・由岐神社　➡〔北山東部２〕

　鞍馬山の中腹にある鞍馬弘教の大本山。鞍馬街道に面して建つ仁王門から、本殿金堂まで九十九折の参道が続く。途中には産土神の由岐神社があり、桧皮葺の割拝殿と大杉が目を引く。奇祭として知られる「鞍馬の火祭」はこの神社と八所明神社の例祭。大杉権現社から奥ノ院魔王殿へ「木の根道」があり、牛若丸が武芸の修行を行なったところ（僧正ヶ谷）とされる。

●二ノ瀬　➡〔北山東部２・北山西部１〕

　鞍馬街道と鞍馬川に沿って集落が開け、落ち着いた佇まいが漂う。惟喬親王が小野で隠栖される前にしばらく滞在されたと伝わる。雲ヶ畑川の上流に市ノ瀬（一ノ瀬）があり、そ

の次に移り住んだ土地。

●守谷神社・冨士神社　➡〔北山西部1〕

　夜泣峠の登り口に位置する神社で、惟喬親王を祭神とする守谷神社と親王の母＝紀静子を祀る冨士神社が並ぶ。貴船山（716m）に通じる「二ノ瀬ユリ」が、叡山電鉄鞍馬線の線路と神社の間を北へ延びる。「ユリ道」は山腹をトラバースする道で、水に関わる地形語である。北山には固有名詞になったユリ道が散見できる。

●夜泣峠　➡〔北山西部1〕

　惟喬親王が幼少の頃にこの峠で夜泣きされ、乳母が峠の松の木の樹皮を枕の下に敷いたところ泣き止まれたという伝説が残る。木地師の祖と仰がれる親王（文徳天皇の第一皇子）だが、弟である惟仁親王（後の清和天皇）との皇位継承に敗れ各地を流浪した。大原・雲ヶ畑・大森などに遺跡がある。峠道の上部はクヌギの木が並び、風情ある光景が続く。

●向山　➡〔北山西部1〕

　標高426m。貴船山から南下する尾根の末端にあって、烏丸通の延長線上に位置する。夏の風物詩として有名な五山の送り火に、江戸時代頃までは「一」「蛇」「竿の先に鈴」「長刀」などがあったといわれている。この山の南に位置する市原には「い」（仮名がしら）があり、研究者によってはその場所をこの山に比定している（最新の研究成果では、東側にある安養寺山が有力）。

●車坂　➡〔北山西部1〕

　西賀茂の地名であり道筋をも表す。賀茂川（鴨川）沿いの雲ヶ畑街道が開通するまで、岩屋山志明院の参拝はこの道が利用された。十三石山の南にある満樹峠を越えれば雲ヶ畑で丹波国に属す。盗人谷の途中まで古道が残るものの、峠道は廃絶している。

●氷室　➡〔北山西部1〕

　山間の開けた盆地にある集落で西賀茂に属する。京都の周辺に設けられた氷室のひとつで、氷を貯蔵した室跡が山際に三箇所現存する。氷池の守護神として祀られた氷室神社が集落の南にあり、その歴史を証明している。拝殿は東福門院の寄進と伝わり、桧皮葺の前後に唐破風をかけ側面に千鳥破風をもつ構造が珍しい。蟇股は桃山風の彫刻が施されている。

●城山　➡〔北山西部1〕

　長坂越から氷室に向かう峠の西側にあり標高は479.6m。山頂周辺に曲輪跡や土塁が残る。堂ノ庭城と呼ぶ砦だが、築城については諸説ある。有力なのは、明智光秀の居城であった周山城との関連で砦が設けられたという説。峠から山道で簡単に登れる。

●京見峠・長坂越　➡〔北山西部1・2〕

　長坂越は千束から杉阪（杉坂）に至る峠道で、その峠を京見峠と呼ぶ。丹波から京都を目

指した人が、初めて京都を一望できる場所である。堂ノ庭には茶店（廃業）があり、道路の谷側に島岡剣石（詩人）の歌碑（「うつせみの寂しさ故におく山の辛夷は白く鎮もりて咲く」）が立つ。

●千束 ➡〔北山西部1・2〕

長坂の登り口にあり、茶店もあって往来する人々で賑わった。紙屋川の左岸に民家が並び、坂尻・原谷・鷹峯方面への分岐点にあたる。

●菩提の滝 ➡〔北山西部2〕

沢ノ池から流れ出る菩提川の中流にある約15mの滝。この滝下から取れる砂は、北山丸太を磨きあげるために欠かせない。主産地の中川には、砂を使った技術を伝えた高僧の話が残る。周辺では台杉や表面にシボ（皺）をつくる過程などを見ることができる。

●沢ノ池 ➡〔北山西部2〕

御室・鳴滝・三宝寺の周辺は、御室川以外に大きな河川がなく水不足の状況にあった。そのため、灌漑用水を確保するため築かれたのが沢ノ池である。江戸時代に造られたといわれ、池の南に樋があって高鼻川へ地下水路で水を送っている。仏栗峠とともに、この地域の人々の切実さが伝わる地名である。池の周辺では、飛鳥時代や平安時代の土器や瓦が発見されている。

●高山寺（栂尾） ➡〔北山西部2〕

創建は奈良時代とされるが、鎌倉時代の明恵が華厳宗興隆の根本道場とした。茶を広めたことでも知られる。国宝の石水院をはじめ、紙本墨画鳥獣人物戯画など多くの文化財が伝わる。境内は国史跡・世界文化遺産に指定され、紅葉が美しい（紅葉期のみ有料。石水院は通年有料）。清滝川を挟んだ左岸に茶園跡と慧友上人（江戸時代末期に寺宝の護持に努めた）の円形三重塔がある。

●神護寺（高雄） ➡〔西山1〕

高雄山の中腹に開かれた古刹。創建由緒は明らかでないが、荒廃した高雄山寺を和気清麻呂が復興して氏寺にしたとされる。空海とその高弟＝真済もかかわった。その後は文覚上人によって伽藍が整備される。密教美術の宝庫として有名で、国宝の銅鐘は「三絶の鐘」と称して知られる。境内と清滝川を見下ろす紅葉が素晴らしい。

●西明寺（槇尾） ➡〔西山1〕

空海の高弟＝智泉が神護寺の別院として創建したと伝わる。鎌倉時代に自性上人が再建し、平等心王院と号した。現在の本堂は徳川将軍綱吉の生母＝桂昌院によって建てられたもの。高山寺・神護寺とともに三尾の名刹で、ことに指月橋から参道にかけての紅葉が美しい。境内背後の山を彩るツツジの花も見事である。

●錦雲渓 ➡〔西山1〕

棧敷ヶ岳から城丹国境尾根を水源とする清滝川は、北山杉に囲

まれた深い渓流で大堰川（保津川）へ流れ出る。三尾（栂尾・槇尾・高雄）から清滝の間を錦雲渓と称し、美しい渓流と紅葉の景観で知られる。

●清滝 ➡〔西山1〕

愛宕神社（愛宕さん）への登山口にあり、元は愛宕詣の人々が水垢離をする地であった。納涼避暑地としても知られ、文人墨客が数多く訪れた。愛宕山へ向かうケーブルの駅舎跡が金鈴橋の傍に残る。

●愛宕山 ➡〔西山1〕

火伏せの神を祀る神山として、京都の北西にそびえる姿は市民にとって馴染み深い。最高地点の924mに愛宕神社が鎮座し、鳥居本から表参道が続く。試峠を越えて清滝の二ノ鳥居をくぐるのが本来の道である。各地からの参詣道も発達し、月輪寺や水尾からも登ることができる。7月末の「千日詣り」には参拝登山をする人の列が絶えない。

●落合 ➡〔西山1〕

大堰川（保津川）と清滝川が合流する地点。険しい地形に囲まれ、保津峡の見どころのひとつ。保津川下りの船から仰ぎ見ると美しい。書物岩は、チャートという硬い岩石が積み重なったように見えることから名づけられた。方散虫（海のプランクトン）の化石が入っている。かつて、嵐山へ嵐峡下りの船が出ていた。

●六丁峠 ➡〔西山1〕

鳥居本に建つ愛宕神社一ノ鳥居から六丁（約650m）に位置する峠で、愛宕山西麓の水尾へ通じる。老ノ坂とともに、古くから山城・丹波をつなぐ道である。水尾では樒を愛宕神社の神前に供え、参拝者に授与する風習があった。柚子の産地でもあり、現在は薬湯の里として知られている。

●鳥居本 ➡〔西山1〕

愛宕神社参道の集落で、曼荼羅山（万灯籠山）に鳥居形の送り火を継承する。嵯峨の山里らしい町家が建ち並び、国の伝統的建造物群保存地区に選定されている。京都市嵯峨鳥居本町並み保存館では、虫籠造りの民家内部を見学することができる。享保年間創業の茶屋と愛宕神社一ノ鳥居が建ち、試峠へ向かう途中に愛宕念仏寺がある。

●化野念仏寺 ➡〔西山1〕

鳥居本にあり、おびただしい数の石仏・石塔がある寺として有名。化野は、鳥部野・蓮台野とともに古くから葬送地とされたところで、8月23・24日に灯明で霊を慰める「千灯供養」は参詣者で賑わう。

●二尊院 ➡〔西山1〕

二尊教院華台寺と称し、釈迦・阿弥陀の二尊を本尊とすることから名付けられた。境内は小倉山の麓に広がり、二条家・鷹司家・三条家や角倉了以・阪東妻三郎など、歴史上の人物と著名人の墓が点在する。重厚な総門は伏見城から移された薬医門。

●落柿舎 ➡〔西山１〕

蕉門十哲の一人に数えられる向井去来の草庵。柿の実を売ると約したものの、風で一夜のうちに落ちてしまった。翌日、見舞いに訪れた商人は驚き、契約を破談にしたことから命名された。北側に墓があり、立烏帽子型の自然石に「去来」と刻まれる。

●常寂光寺 ➡〔西山１〕

小倉山の中腹にあり、本圀寺第十六世の日禎上人の隠居所を寺に改めたもの。均整のとれた約12mの多宝塔が美しく、紅葉の名所として知られる。大堰川を隔てて嵐山と相対する小倉山は山容が優美で、「小倉百人一首」「小倉餡」の由来になっている。

●大河内山荘 ➡〔西山１〕

昭和初期の時代劇俳優として知られる、大河内傳次郎が営んだ山荘。小倉山・亀山の麓に位置する６千坪の広大な回遊式の庭園からは、嵐山や京都市街を望むことができる。邸内には大河内好みの持仏堂や茶室が点在する。

●天龍寺 ➡〔西山１〕

後醍醐天皇の冥福と南北朝の戦で犠牲になった人々の霊を慰めるため、足利尊氏が夢窓国師に請うて造営した。霊亀山天龍資聖禅寺と称し、室町時代には京都五山の第一位を占めた。亀山・嵐山を取り入れた池泉回遊式庭園が見事である。世界文化遺産。

●野宮神社 ➡〔西山１〕

伊勢神宮へ仕える皇女が精進潔斎のために籠られたところ。祥子内親王（後醍醐天皇の皇女）まで続けられたという。竹藪の中にあり野趣に富む。自然木で組んだ黒木の鳥居と簡素な小柴垣は『源氏物語』に描かれる。

●嵐山公園（亀山地区） ➡〔西山１〕

小倉山の南東部にある丘陵を亀山と呼び、桜や楓のほかアカマツ・ツツジが美しい。明治時代に亀山公園として開設された。嵐山公園（府立）は、他に桂川の中州である中之島地区と渡月橋下流左岸の臨川寺地区で構成される。

●渡月橋 ➡〔西山１・２〕

承和年間（834～848年）、法輪寺の中興の祖といわれる道昌によって架けられた。法輪寺へ参拝するための橋で、初めは法輪寺橋と呼ばれていた。亀山天皇が「くまなき月の渡るに似る」と詠まれたことから渡月橋になったとされる。大堰川は秦氏が川に大きな堰を築いて灌漑用水を引いたことに因み、今も桂川西岸の平地を東一ノ井川と西一ノ井川が

松尾・松室方面に流れる。

●松尾山 （まつおやま〔まつおさん〕） ➡〔西山2〕

京都で最古の神社とされ、大山咋神を祭神とする松尾大社の神体山。別雷山（わけいかづちやま）とも称し七谷に分かれる。その中の大杉谷の源頭に磐座があり、神聖な場所として許可なく登拝できない（松尾大社で受付を済ませて入山可能）。秦氏は古代の渡来人（新羅系）で、山背（山城）を拠点に居住域は各地に及ぶ。古代国家では重用され、技術的な活動に優れていた。なかでも、灌漑・土木分野の活躍は目覚ましい。幅15m以上の大溝が発見された松室遺跡から、渡月橋付近にあったとされる葛野大堰との関連が注目を集める。

●図根点ピーク （ずこんてん） ➡〔西山2〕

国土地理院の三角測量で基点となるのは三角点である。一等から四等の標石が全国に設置されており（例外は沖縄の五等）、他に電子基準点などもある。三角測量後に行なわれる細部の測点を図根点と呼び、一般に標石は測量後に撤去される。このピークにあるのは、林野庁が国有林の地図を作成するために設置したものという。

●唐櫃越 （からとごえ） ➡〔西山2〕

老ノ坂（山陰街道）の北側にあり、山城と丹波をつなぐ間道。山田（京都市西京区）と篠町（亀岡市）の間を尾根で東西に結ぶ。戦国時代には盛んに利用された。明智光秀が本能寺の変で、織田信長を襲撃するために通ったとする説がある。

●西芳寺（苔寺） （さいほうじ） ➡〔西山2〕

天龍寺の境外塔頭で、行基による開山と伝える。特別名勝・史跡に指定される庭園は夢窓疎石によるもの。なかでも、100種以上の苔で覆われた池泉回遊式の庭が有名。世界文化遺産に登録され、事前の申し込みで拝観できる。

●地蔵院（竹の寺） ➡〔西山2〕

衣笠山地蔵院と称し、一休さん誕生の寺として知られる。開山は夢窓国師で、伝教大師作と伝わる地蔵菩薩を本尊としている。境内が竹林に覆われることから「竹の寺」と称される。

●周山街道（国道162号） （しゅうざん） ➡〔京北1・2〕

京都から丹波への道のひとつ。京都市内から周山までに御経坂峠（みきょうざかとうげ）・笠峠・栗尾峠を越える難路だったが、バイパスとトンネルで改良が進む。高雄から中川・小野郷・周山にかけては北山杉の美林が続く。国道162号はさらに若狭（福井県）へ延びる（小浜街道）。

●岩屋 ➡〔京北1・2〕

本能寺の変のあと、かつて宗問答で敗北した日蓮宗の仕返しを恐れ、十界因果居士（じっかいいんがこじ）がこの岩屋で隠棲したとされる。トレイルコー

スからの足場は悪いので要注意。

●滝又の滝 ➡〔京北１・２〕
細野川上流の轟谷に懸かる約20mの滝で、織田信長の甥＝十界因果居士が命名したと伝わる。京都の自然200選に選ばれており、付近の岩壁と渓流は壮観。

●余野 ➡〔京北１・２〕
細野川の上流（余野川）にある山間部の平地。雲月坂・伏見坂、余野坂・河原峠で周辺の各地と結ばれる。かつて木炭の生産が盛んだった。林業地だけに、九頭神社の本殿は唐破風と千鳥破風を備えたこけら葺。

●大森 ➡〔京北１・２〕
かつては小野郷の一部で、清滝川の源流にあたる。北山杉の産地。長坂越（京見峠）から縁坂峠を経て茶呑峠に至る峠道は、京都と丹波をつなぐ古道。周山街道ができる前は大いに利用された。

●茶呑峠 ➡〔京北１・２〕
大森から辻（山国）へ越える峠だが、若狭を目指す小浜街道としても使われた。石積みの堂内に江戸時代中期の端整な地蔵菩薩がある。山国と周山を分ける道標も古い。

●竜ヶ坂 ➡〔京北１・２〕
峠の石室に錫杖と宝珠を持つ地蔵菩薩（左手）と智拳印を結ぶ大日如来（右手）の石仏が並ぶ。稲荷谷（カモチ谷）へ下る林道の分岐点。

●天童山 ➡〔京北１・２〕
上桂川と清滝川を分ける城丹国境尾根の山として知られ、京北町中江では伝土山とされる。

●賀茂神社 ➡〔京北１・２〕
賀茂別雷大神を祀る上賀茂神社の分社で、京北中江町ではこの神社への信仰が厚い。

●姑棄野山（山国富士） ➡〔京北１・２〕
山国は平安京造営の御杣御料地（木材を切り出す土地）である。その象徴的な山で、地元では「山国富士」と呼ばれる。足利義満の臣下だった細川頼之が隠棲したところと伝える。京北鳥居町にある山国神社は、明治維新の官軍「維新勤皇山国隊」ゆかりの社。

●黒田 ➡〔京北１・２〕
京北宮町にある春日神社の境内に、「黒田百年桜」と称す古木が美しい花を咲かせる。

八重のなかに一重の花が混じる山桜の変種。上流にある上黒田の片波川源流域には、伏条台杉の巨木群があって周辺は自然に恵まれる。

●常照皇寺・山国陵　➡〔京北3・4〕
　北朝初代の天皇である光厳法皇が開いた古刹で、寺の背後に山国陵がある。鰹木を九つ置いた茅葺屋根の本堂が格をうかがわせる。国の天然記念物である九重桜と左近の桜・御車返しの桜が有名。参道と山陵橋付近の桜も美しい。

●井戸峠　➡〔京北3・4〕
　京北上弓削と京北井戸を隔てる峠だが、落武者が越えたという伝説も残る。

●上中城跡　➡〔京北3・4〕
　平安時代末期（12〜13世紀）に使われていたと考えられる平城（田中の小城）。築城者など詳細は不明。付近は公園として整備されている。

●合併記念の森　➡〔京北3・4〕
　旧京北町（北桑田郡）との合併で京都市が引き継いだ約268haの山林。地域の象徴的な里山を、森づくり・木の文化を守る・観光・森林学習などのゾーンに分けて利用する事業が行なわれている。域内には古墳や古道も残る。

●黒尾山　➡〔京北3・4〕
　京北下熊田町にあって標高は509.3m。周山から西へ約2kmに位置し、「京都・文化の森」（ヒノキ林）など、周辺は美しい植林地が多い。

●周山城址　➡〔京北3・4〕
　城山一帯に展開された山城跡。明智光秀による築城といわれ、周山の地名は、周の武王の善政になぞらえて縄野から改めたとされる。開けた本丸跡には、石垣をはじめ馬駈場・古井戸の遺構が現存する。黒尾山に近い西の尾根上にも中世の城郭跡が残る。

●ウッディー京北　➡〔京北3・4〕
　「きょうと京北ふるさと公社」が運営する道の駅。京北地域の野菜や米を使った食事ができ、食品・木工品などを販売。館内に樹齢約600年といわれる「やぐら杉」を展示している。Tel.075-852-1700

●高瀬の道　➡〔京北3・4〕
　魚ヶ渕から栗尾峠の稜線に向かう尾根道。林業の盛んな地域だけに、大川表林道など作業道が数多く敷設されている。上部では展望に優れる地点が各所にある。東に行った旧周山街道の栗尾峠は、自転車・歩行者専用道になっている。峠道からの展望がよい（京北十景の一つ「栗尾峠の展望」）。

執筆・撮影　竹内　康之（京都トレイルガイド協会）
　　　　　　山本　時夫（京都トレイルガイド協会）
　　　　　　湯浅　誠二（京都トレイルガイド協会）

協　力　　　一般社団法人 京都府山岳連盟
　　　　　　京北自治振興会 トレイル部

協力・公認　京都一周トレイル会

京都一周トレイル® マップ & ガイド
―全5コース・14ルートを楽しむ―

2021年11月10日　初版第1刷発行　（定価はカバーに
2024年 7月30日　初版第5刷発行　　表示してあります）

編著者　京都トレイルガイド協会 ©
　　　　竹内康之・山本時夫・湯浅誠二

発行者　中西　良

発行所　株式会社ナカニシヤ出版
　　　　〒606-8161　京都市左京区一乗寺木ノ本町15番地
　　　　電話　075-723-0111　FAX 075-723-0095
　　　　URL　http://www.nakanishiya.co.jp/

印刷・製本　ファインワークス／装丁・写真協力　草川啓三

© Kyoto Trail Guide Association 2021 Printed in Japan
落丁・乱丁本はお取り替えします。

ISBN978-4-7795-1587-3 C0025